Komm, wir gehen Wunder suchen!

Sabine Kraushaar, 1972 in den Niederlanden geboren, studierte an der Akademie der Bildenden Künste in Maastricht mit dem Schwerpunkt Visuelle Kommunikation. Seit 1995 arbeitet sie erfolgreich als freie Illustratorin für verschiedene Verlage.
Mehr unter: www.sabinekraushaar.com

Erwin Grosche, Jahrgang 1955, lebt in Paderborn. Nicht nur als Schauspieler und Kabarettist hat er sich einen Namen gemacht, sondern auch als Autor.
Neben Büchern für Erwachsene veröffentlichte er zahlreiche Bücher und Tonträger für Kinder und Jugendliche.
Mehr unter: www.erwingrosche.de

Weitere Kinderbücher und Bilderbücher von Erwin Grosche bei Gabriel:

Felicitas, Herr Riese, die Zehn Gebote und andere Geschichten
Du bist für mich da – Die schönsten Kindergebete
Mein kleines Buch der Kindergebete

Mehr über unsere Bücher, Autoren und Illustratoren auf:
www.gabriel-verlag.de

ERWIN GROSCHE

Komm, wir gehen Wunder suchen!

Geschichten zum Vorlesen

Mit farbigen Illustrationen von
Sabine Kraushaar

Gabriel

Inhalt

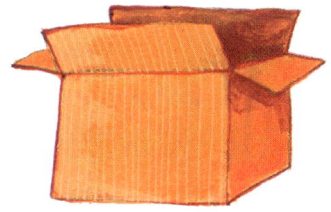

Der Umzug

Leoni saß in ihrem Kletterbaum, als ein Lkw vor ihrem Haus hielt. Wo vorher Sonne war, war nun Schatten. Wo vorher Stille war, laute Radiomusik. Der Mann hinter dem Lenkrad kurbelte die Scheibe herunter und schrie: »Wir suchen die Rosinenbrotstraße!«

Leoni verstand vor lauter Musik nur Bahnhof. »Was suchen Sie?«, fragte sie.

Der Mann nahm seine Sonnenbrille ab und schrie: »Wir suchen die Rosinenbrotstraße!«

Leoni schüttelte den Kopf und sagte: »Eine Klosinennotstraße gibt es hier nicht.«

Der Mann schaute genervt in den Rückspiegel und schrie: »Ich suche keine Klosinennotstraße, sondern eine Rosinenbrotstraße!«

Leoni kratzte sich am Kopf, sie hatte schon wieder »Klosinennotstraße« verstanden. »Vielleicht drehen Sie mal Ihr Radio leiser«, schrie sie.

Der Mann im Führerhaus schaute sie erst ratlos an, drehte dann das Radio leiser und sagte: »Was hast du gesagt? Man versteht sein eigenes Wort nicht mehr, wenn das Radio so laut ist.«

Leoni lachte und fragte: »Was wollen Sie denn hier in der Rosinenbrotstraße?«

Der Mann schaute sich um und strahlte: »Das ist die Rosinenbrotstraße? Aber, mein Mädchen, die suche ich doch.«

»Und warum suchen Sie die Rosinenbrotstraße?«, fragte Leoni.

»Du bist aber ganz schön neugierig«, sagte der Mann.

»Immer«, sagte Leoni und kletterte in ihrem Kletterbaum auf einen höheren Ast.

Der Mann kratzte sich am Kinn und sagte: »Wir bringen Möbel und ein Klavier.« Er hielt einen Zettel in der Hand, auf dem »Rosinenbrotstraße 11a« zu lesen war.

Leoni schob einen Zweig zur Seite und las den Schriftzug auf dem Lkw. »Hartmann-Umzüge – Die sanfte Hand für Klaviere«.

»Hinter unserem Haus ist die Rosinenbrotstraße 11a«, sagte Leoni. »Wir sind die Rosinenbrotstraße 11 und quasi in unserem Garten finden sie die Rosinenbrotstraße 11a.«

Der Mann der Umzugsfirma setzte seine Sonnenbrille wieder auf, dankte, stellte das Autoradio wieder lauter und fuhr neben Leoni in die Einfahrt zur Rosinenbrotstraße 11a.

Kling, Klang, dachte Leoni, das alte Geräuschehaus wird wieder bewohnt. Das wird spannend!

In meiner kleinen Stadt

Leoni schaute in den Himmel. Was eben noch aussah wie eine Wolke, sah plötzlich aus wie ein Huhn. Ein Huhn?, dachte Leoni, was wollte ihr denn der Himmel sagen? Natürlich, Hühner legen Eier. Es war Zeit für das Abendbrot. Mama wollte doch Rühreier für Papa und sie braten.

Leoni sprang vom Kletterbaum. Es war noch taghell, aber der Schatten des Hauses war über ihren Kletterbaum gezogen. Daran erkannte Leoni, dass es Abendbrotzeit geworden war. Ihre Mutter stand am Fenster und wollte gerade rufen: Leoni, es ist Abendbrotzeit!, als Leoni schon rief: »Ich komme!«

Leoni lief hinter das Haus und ging von dort aus durch die geöffnete Terrassentür in die klitzekleine Küche. Im Garten, hinter der Mauer, stand der Umzugswagen. Laute Musik dröhnte wieder aus dem Führerhaus. Drei Männer und eine Frau schleppten Tische, Stühle, Schränke, Kartons und ein Klavier in das Haus 11a. Leoni schaute aus dem Fenster und machte das Radio an. Es stand neben dem Toaster und sah aus wie ein Raumschiff. Witzigerweise lief in ihrem Radio die gleiche Musik, die sie auch aus dem Lkw hören konnte:

»Und hier, meine Damen und Herren«, sagte gerade der Radiomoderator, »ist Ihr Hitradio auf UKW. Wir spielen heute für Sie den Super-, Super-, Super-Hit ›In meiner kleinen Stadt‹. Viel Spaß beim Zuhören!«

»In meiner kleinen Stadt, da kann man was erleben,
in meiner kleinen Stadt, da gibt es viel zu sehn.
In meiner kleinen Stadt, da kann es Wunder geben,
in meiner kleinen Stadt ist vieles neu und schön.«

Tatsächlich, das Radio im Lkw und das Radio in der Küche spielten das gleiche Lied. Ein Wunder, dachte Leoni und lachte. Wahrscheinlich hatte sie auf ihrem Radio nur den gleichen Sender angestellt, der auch im Lkw zu hören war.

Leoni wippte mit dem Fuß den Takt zur Musik. Oh, wie schön ist die Musik, dachte Leoni und hoffte, sie würde das Lied noch oft hören, damit sie es bald mitsingen konnte. Jetzt sang sie es erst mal nur mit »Lalala« und das hörte sich auch schön an. »Lalala ...«

Rührei-Häuser

Leoni lebte mit ihren Eltern in Elsen. Elsen lag ganz in der Nähe von Paderborn und genau genommen war Elsen auch Paderborn. Aber kein Elsener sagte jemals, er stamme aus Paderborn, sondern natürlich, dass er aus Elsen kam.

Elsen hatte manches, was auch eine große Stadt zu bieten hatte. In der Rosinenbrotstraße, zum Beispiel, gab es ein Sonnenstudio, in dem man braun werden konnte, eine Kirche, in der man froh werden konnte, ein Krankenhaus, in dem man gesund werden konnte, und eine Muckibude, in der man stark werden konnte. Leonis Vater war der Inhaber des Kraftsportcenters und weil man dort dicke Muckis kriegen konnte, stand ganz groß »Muckibude« über der Tür.

Leoni holte für ihn täglich Eier von Herrn Ferdinand. Herr Ferdinand hatte vier Hühner und hatte ihnen die Namen der vier Jahreszeiten gegeben. Die Hühner hießen Frühling, Sommer, Herbst und Winter. Er ließ die Hühner in seinem Vorgarten herumlaufen und sammelte täglich ihre Eier ein.

Nebenan hatte Herr Demir seinen Gemüseladen. Dort kaufte Leoni ihrem Vater immer frisches Gemüse. Starke Männer müssen nämlich viele Eier und ganz viel Gemüse essen und Leonis Vater war so stark, dass er Leoni so lange in die Luft heben konnte, dass sie dachte, sie könnte fliegen.

Leoni saß am Abendbrottisch und schaute auf ihren Teller. Sie hatte ihr Rührei mit der Gabel zu zwei Haufen zusammengeschoben, die aussahen wie Häuser. Die beiden Häuser sahen sogar aus wie die Häuser der Rosinenbrotstraße 11 und der Rosinenbrotstraße 11a. Über die Häuser schob sie eine Gurkenscheibe, das sollte der Mond sein.

»Leoni«, sagte die Mutter, »was machst du denn da?«

Leoni schaute hoch. »In das alte Geräuschehaus ziehen Menschen«, sagte sie.

Ihre Mutter lachte. »Natürlich ziehen dort Menschen ein«, sagte sie. »Was dachtest du denn, wer dort einzieht: Gurken?«

Leoni schüttelte den Kopf und knabberte ihre Gurke auf. »In dem Haus hört man manchmal komische Geräusche«, flüsterte sie.

»Quatsch«, sagte ihre Mutter und begann, Leoni mit dem Rührei zu füttern, »in dem Haus hört man keine komischen Geräusche.«

Leoni schmatzte. Sie hatte den Mund voller Rührei. Sie wurde immer von ihrer Mutter gefüttert, wenn sie beim Essen trödelte und eigentlich schon längst im Bett liegen sollte.

»Doch«, murmelte Leoni, »gestern habe ich dort ein Geräusch gehört, das machte schlürf, schlürf!« Leoni schlürfte dabei, als würde sie Spaghetti hochschlürfen , und ihre Mutter lachte. »Einmal habe ich sogar ein Geräusch gehört, das machte plplplp wie ein Flugzeug«,

sagte Leoni und prustete mit dem Mund, als wäre sie ein Propeller-
flugzeug.

Leonis Mutter lachte und verfütterte vom kleinen Rühreihaus das
Dach.

»Einmal habe ich dort ein Geräusch gehört, das machte quietsch,
als ginge eine alte Tür auf.«

Ihre Mutter lachte wieder und sagte: »Aber gleich möchte ich von
dir dieses Geräusch hören.« Ihre Mutter schnarchte ganz laut wie
Leonis Vater und Leoni hatte verstanden. Es war Zubettgehzeit.

Waschl, der freche Waschlappen

Leoni stand im Badezimmer und wartete darauf, dass ihre Mutter sie wusch. Ihre Mutter rubbelte ihr dazu immer mit dem Waschlappen im Gesicht herum, wuscheldikuschel, bis alles ganz sauber war.

»Komm her, du Waschlappen«, sagte Leonis Mutter und nahm einen der Gesichtsabwischer von der Ablage am Waschbecken. Sie sah den Waschlappen lange an und rümpfte dann die Nase.

»Was ist denn?«, fragte Leoni.

»Es ist Waschl«, sagte die Mutter geheimnisvoll.

Leoni glaubte, nicht richtig verstanden zu haben. »Hast du gerade was von Waschl gesagt?«, fragte sie.

Leonis Mutter tat entsetzt. »Psst, nicht so laut. Er kann dich hören.«

Leoni nickte. Mit Waschl war nicht zu spaßen.

»Was machen wir denn nun?«, fragte Leonis Mutter. »Sollen wir das Waschen ausfallen lassen?«

Leoni schüttelte den Kopf und zeigte auf den quietschegrünen

Waschlappen. »Nichts da. Du musst Waschl nur zeigen, wer hier bestimmen darf«, flüsterte sie.

Leonis Mutter hielt Waschl schnell unter den laufenden Wasserhahn.

Leoni riss die Augen auf. Ihre Mutter traute sich was. Immerhin hatte sie mit Waschl wieder den wildesten unter allen Waschlappen erwischt. Das Gesichtwaschen würde bestimmt nicht einfach werden.

Vorsichtig stülpte ihre Mutter den Waschlappen über ihre Hand wie eine Kasperlepuppe und flüsterte: »So, lieber Waschl. Jetzt nehme ich dich und mache mit dir Leonis Gesicht sauber.«

Dann nahm sie den Waschlappen und wollte gerade damit Leonis Nase putzen, als der Waschlappen plötzlich wie von selbst kehrtmachte und nicht Leonis Nase schrubbte, sondern die ihrer Mutter. Wuscheldikuschel, wischte der Waschlappen ihrer Mutter die Nase sauber, obwohl sie gar nicht schmutzig war.

»Igittigitt, Waschl«, schrie ihre Mutter, »ich wollte doch Leonis Nase putzen. Was schrubbst du mir im Gesicht herum?«

Leoni musste lachen, aber ihre Mutter gab nicht auf. Wieder nahm sie den Waschlappen und bewegte ihn auf Leonis Gesicht zu. Kurz vor Leonis Stirn machte Waschl wieder kehrt und landete wuscheldikuschel auf der Stirn ihrer Mutter. Wie eine nasse Zunge schleckte der quietschegrüne Waschlappen ihr das Gesicht sauber und störte sich nicht an ihrem Geschrei.

»Igittigitt. Du blöder, blöder Waschlappen«, schrie Leonis Mutter. »Langsam reicht mir dein Benehmen, aber eine Chance gebe ich dir noch.«

Leoni staunte, ihre Mutter wagte einen neuen Anlauf. Mutig bewegte sie den wilden Waschlappen auf Leonis Gesicht zu. Kurz vor der Nase drehte sich Waschl aber um und wollte gerade wieder im Gesicht von Leonis Mutter herumrubbeln, als sich Leoni den Waschlappen schnappte und sich mit ihm freiwillig wusch, bis sie ganz sauber war.

Es war geschafft. Leoni war sauber und ihre Mutter zufrieden. Schlaff hing der Waschlappen über dem Waschbecken und schien völlig erschöpft zu sein. Es war für alle Zeit, ins Bett zu gehen.

Im Bett

Leoni lag in ihrem Bett und hatte ihren Kuschelhugo im Arm. Kuschelhugo war ein Kuschelhugotier, bei dem man nicht genau wusste, ob es ein Hund, ein Bär oder ein Affe war. Egal, Hauptsache, Kuschelhugo war da und ließ sich kuscheln, wenn man kuscheln wollte. Ihre Mutter saß neben Leoni und Kuschelhugo. Abwechselnd sprachen sie das Gute-Nacht-Gebet. Leoni fing an: »Lieber Gott, lass heute die Blaskapelle keinen Marsch blasen. Ich will immer tanzen, wenn ich Musik höre, und kann dann nicht mehr schlafen.«

Jeden Montag übte eine Blaskapelle im *Rosinenbrotkrug*. Der *Rosinenbrotkrug* war ein Gasthof, der direkt gegenüber von ihrem Haus lag. Die Proben dort waren manchmal so laut, dass es Leoni schwerfiel, im Bett liegen zu bleiben. Heute war es still, welch ein Glück.

Leonis Mutter hatte auch einen Wunsch: »Lieber Gott, sag Papa, dass er sich nicht immer trötend die Nase putzt. Kuschelhugo denkt dann immer, ein Elefant stünde im Badezimmer, und kann dann nicht mehr einschlafen.«

Leoni lauschte. Tatsächlich, es schien zu klappen. Papa putzte sich nicht die Nase wie ein Elefant, also brauchte sie Kuschelhugo keine Ohren zuzuhalten und er konnte getrost einschlafen. Leoni betete weiter: »Lieber Gott, bitte Familie Demir, heute mal keine Party zu feiern. Die Partys von Familie Demir sind immer so schön, dass ich nicht schlafen kann und am liebsten mitfeiern möchte.«

Leonis Mutter öffnete das Fenster. Leoni hörte zwar Musik, aber nur ganz leise und sie kam von weit her. Zufrieden zog sie die Bettdecke über sich und Kuschelhugo.

»Lieber Gott«, sprach ihre Mutter weiter, »sag den Flugzeugen vom Flugplatz Lippstadt/Ahden, dass sie nicht zu dicht über unserem Haus fliegen sollen. Das ist zu laut und Leoni will doch schlafen.«

Leoni hatte noch etwas auf dem Herzen und faltete Kuschelhugo die Hände: »Lieber Gott, lass in das Nachbarhaus auch ein Kind einziehen, damit ich jemanden zum Spielen und zum Ärgern habe.«

Die Mutter löschte das Licht, gab Kuschelhugo und Leoni einen Kuss und flüsterte: »Lieber Gott, lass Leoni schön träumen und beschütze ihren Schlaf.«

Leoni schloss die Augen und begann zu träumen.

Der Piratentraum

»Hallo, ich bin's«, sagte Kapitän Holunder und kitzelte Leoni mit einer Möwenfeder an der Nase.

Leoni musste niesen. »Hatschi!«

»Kapitän Holunder«, flüsterte Leoni, »lass mich schlafen! Ich bin müde.«

Kapitän Holunder lachte: »Du bist doch am Schlafen. Du träumst nur gerade von mir und freust dich, mich zu sehen.«

Leoni streckte sich im Traum und rieb sich den Schlaf aus den Augen. »Von wegen. Ich freue mich überhaupt nicht, dich zu sehen«, sagte sie. »Mir ist es auch völlig egal, ob ich wirklich wach bin oder nur im Traum. Du raubst mir meinen Schlaf und das nervt.«

Kapitän Holunder zwirbelte seinen schönen schwarzen Bart und grinste frech: »Da ist ja mein kleines Leonilein so richtig sauer, oder? Mach keine Fisimatenten. Ich brauche sofort deine Hilfe, sonst wissen wir Piraten nicht weiter.«

Leoni seufzte. Sie wusste, wenn sie ihre Ruhe haben wollte, dann war es besser, Kapitän Holunder zu helfen. Missmutig stieg sie zu Kapitän Holunder in sein Ruderboot. Matrose Piek saß an den Rudern und brachte sie, haste nicht gesehn, zu Kapitän Holunders Piratenschiff.

»Mach es kurz«, sagte Leoni und gähnte. »Was willst du von mir?«

Sie saßen in der Kapitänskajüte. Um sie herum lagen Gold, Silber, Schmuck und Kronen. Die ganze Ausbeute der letzten Raubzüge.

»Schau dich um«, bat Kapitän Holunder. »Was siehst du?«

Leoni ging durch die Kajüte und wischte im Vorübergehen über Tisch, Stühle und einen Schmusepiratenbär.

»Staub«, sagte sie, »ich sehe hier überall Staub. Du solltest mal Staub wischen.«

Kapitän Holunder zwirbelte seinen Bart, nahm seinen Schmusepiratenbär an sich und sprang auf.

»Du siehst hier nur Staub?«, schrie er. »Und was ist mit all dem Gold und Silber? Blenden dich nicht Juwelen und Edelsteine?«

Leoni pustete den Staub von einer geraubten Goldkrone und setzte sie auf. »Auch hier nur Staub. Du solltest mal deinen Leuten sagen, dass sie mehr Ordnung halten sollen.«

Jemand machte vor der Kapitänstür ein ängstliches »oh«. Kapitän Holunder gab Leoni ein Zeichen, still zu sein, schlich dann zur Kajütentür und riss sie auf. Herein purzelten Piek, Matteng, die wilde

24

Cordula und Schlotterheinz, Kapitän Holunders Piratenmannschaft.

»Was ist denn das für ein trauriges Bild«, schrie Kapitän Holunder. »Da ist man gefürchtet als Schrecken der Meere und ihr kaspert herum wie Anfänger.«

Leoni setzte sich hin und legte frech die Füße auf den Tisch. »Ihr habt doch etwas vor«, sagte sie. »Das spüre ich doch. Was ist hier los?«

Kapitän Holunder stellte sich vor seine Mannschaft und sagte: »Schau uns an. Wir sind müde geworden. Wir haben Gold und Edelsteine im Überfluss. Es ist so langweilig, Pirat zu sein.«

Leoni gähnte wieder. Sie war müde. »Und was soll ich da machen? Ich bin doch nur ein kleines Mädchen in einem komischen, kleinen Traum«, flüsterte sie.

»Du sollst uns helfen«, schrien Piek, Matteng, die wilde Cordula und Schlotterheinz.

»Wir wollen bessere Menschen werden«, sagte Kapitän Holunder. »Wir wollen ein anderes Leben führen und du sollst uns sagen, wie das geht.«

»Wir wollen alle in den Himmel kommen«, riefen Piek, Matteng, die wilde Cordula und Schlotterheinz.

Oje, dachte Leoni. Das wird ja immer besser. »Ihr wollt alle in den Himmel kommen?«, fragte sie dann.

Kapitän Holunder zwirbelte an seinem Bart und nickte.

»Was müssen wir tun?«, schrien Piek, Matteng, die wilde Cordula und Schlotterheinz.

Leoni setzte sich die Krone auf den Kopf. »Ganz einfach«, flüsterte sie. »Verschenkt euren Reichtum. Gebt euer Gold den Armen. Geht in die Welt und tut Gutes.« So hatte sie es im Radio gehört.

Alle waren still. Kapitän Holunder kaute an den Fingernägeln, zwirbelte seinen Schnurrbart und sagte schließlich: »Geht es denn nicht ein bisschen einfacher?«

»Nein«, sagte Leoni.

»Ich würde mich von meinem Schmusepiratenbär trennen, reicht das?«, fragte Kapitän Holunder.

»Lass mich nachdenken«, sagte Leoni.

Kapitän Holunder nickte und sagte: »Es muss doch noch andere Möglichkeiten geben, in den Himmel zu kommen. Denk also nach!«

Leoni dachte nach. Es war so still im Raum, dass sie hören konnte, wie jemand Klavier übte. Hatte sie richtig gehört? Tatsächlich, irgendjemand spielte dauernd die Tonleiter rauf und runter. Leoni schüttelte sich und wurde wach.

Wie Leoni Robert kennenlernte

Leoni lauschte den Klavierklängen. Sie lief zum Balkonfenster und schaute hinaus. Ins Nachbarhaus war ein kleiner Junge eingezogen und spielte Klavier. Typisch Geräuschehaus, dachte sie. Sie setzte ihre Krone ab, öffnete die Balkontür, ging auf den Balkon und winkte. Der Junge winkte nicht zurück.

Leoni frühstückte schnell, lief in den Garten, setzte sich auf die Gartenmauer und sah dem Jungen beim Klavierspielen zu. Der Junge blickte auf, sagte nichts und spielte weiter. Er hatte kurzes rotes Haar und zog beim Klavierspielen immer die Nase hoch, als wäre er ein Kaninchen. Wahrscheinlich kann er sich nicht die Nase putzen, weil er die Hände zum Klavierspielen braucht, dachte Leoni.

Draußen, neben dem geöffneten Fenster, saß ein alter Mann in einem Rollstuhl und döste vor sich hin. Er trug ein blaues T-Shirt, auf dem in roten Buchstaben »Supermann« stand.

»Soll ich dich in die Sonne schieben«, rief Leoni dem alten Mann zu.

Der alte Mann schaute auf und bemerkte erst jetzt, dass die Sonne wanderte. Direkt neben ihm machten sich die ersten Sonnenstrahlen breit und wollten seine Nase kitzeln. Der alte Mann winkte Leoni mit dünnem Zeigefinger zu sich. Sie sprang von der Gartenmauer und lief auf das Nachbarhaus zu. Der Junge am Klavier schaute erstaunt durch das Fenster und spielte dabei eine Tonleiter rauf und runter, als wäre er aufgezogen.

»Bist du Supermann?«, fragte Leoni den alten Mann.

Der nickte mit dem Kopf, als würde er Ja sagen und murmelte: »Schiebst du den alten Supermann in die Sonne, mein Kind?«

Leoni lächelte, löste die Bremsen am Rollstuhl und rollte den alten Mann ins Licht.

»Superopa dankt«, sagte der alte Mann und streichelte Leoni über den Kopf.

Sie stellte sich ans Fenster, direkt vor den fremden Jungen. Er sah traurig von seinen Tasten auf und zog wieder die Nase hoch.

»Ich heiße Leoni«, sagte sie und streckte dem Jungen die Hand durch das geöffnete Fenster entgegen.

Der Junge nickte und sagte: »Ich heiße Robert und finde es doof hier.«

Sie hielt immer noch die Hand durch das Fenster, aber der Junge hörte nicht auf zu spielen. Sie wollte gerade fragen, wo Robert vorher gewohnt hatte, als ein Mann hinter den Jungen trat, der genauso aussah wie der Junge und wahrscheinlich sein Vater war.

»Robert«, sagte er, »begrüße doch das Mädchen.«

»Und was ist mit meinen Klavierübungen, Papa?«, fragte Robert.

»Alles zu seiner Zeit«, sagte Roberts Vater und lief aus dem Raum,

weil der Wasserkessel pfiff. Robert pfiff mit, als würde ihm der Kopf rauchen, schaute Leoni an und brach sein Klavierspielen ab.

Leoni hielt ihre Hand immer noch zum Gruß hin. Endlich stand Robert auf, ergriff sie und schüttelte sie wie einen Apfelbaum.

»Herzlich willkommen in der Rosinenbrotstraße«, sagte Leoni.

Robert schüttelte noch immer ihre Hand, als wollte er sie ärgern.

»Es gefällt mir hier nicht«, sagte Robert. »Hier ist nichts los und alles ist so klein.«

Leoni reckte sich, als wollte sie größer werden.

»Ich kann dir hier so viele Wunder zeigen, dass du gar nicht mehr zum Staunen kommst«, sagte sie.

Robert schüttelte den Kopf.

»Hier soll es Wunder geben?«, fragte er misstrauisch.

»Jeden Tag und überall«, sagte Leoni.

»Das will ich sehen«, flüsterte Robert, »und wenn nicht ...«

Leoni ließ Robert nicht aussprechen. »Was dann?«

Robert überlegte sich jedes Wort und sagte: »Wenn du mir keine Wunder zeigen kannst, dann ziehe ich mit meinem Vater und meinem Opa wieder in eine andere Stadt, denn langweilen kann man sich überall.«

»Die Wette gilt«, sagte Leoni und hoffte, nicht zu viel versprochen zu haben.

Die Wundersuche

»Komm mit«, sagte Leoni, »ich zeige dir, wie schön es hier ist.«

»Das geht jetzt nicht«, sagte Robert, »ich muss Klavier üben.«

Hinter Robert war sein Vater getreten und pustete in eine dampfende Teetasse.

»So ist das«, sagte er, »wer die Musik liebt, muss üben.«

Robert verzog das Gesicht, als würde er schon die Musik lieben, aber nicht das Üben.

»Also gut«, sagte Roberts Vater, »geh mit deiner neuen Freundin auf Entdeckungsreise. Du musst doch wissen, wo du bist.«

»Und was ist mit Superopa?«, fragte Leoni.

»Wer ist denn Superopa?«, fragte Robert.

Leoni zeigte auf den alten Mann im Rollstuhl mit dem Supermann-T-Shirt.

»Du meinst meinen Opa?«, fragte Robert.

»Superopa kommt mit!«, sagte Roberts Opa und fuhr mit seinem Rollstuhl voran. Robert und Leoni liefen hinterher.

»Nicht so schnell, Superopa«, rief Robert, »wir sind keine Rennautos.«

Leoni wollte ihnen die Muckibude von ihrem Vater zeigen. Die Muckibude war ein Kraftraum, in dem man Gewichte und Hanteln stemmen konnte, bis man ganz stark war. Leonis Vater war so stark, dass er jeden ganz hoch in die Luft heben konnte, auch wenn der nicht wollte. Das war doch schon ein Wunder, oder?

In einer alten Fabrikanlage hatte Leonis Vater ein ganzes Untergeschoss gemietet. Er putzte gerade mit einem Schrubber den Flur, als er Leoni, Robert und einen alten Mann mit einem Supermann-T-Shirt erblickte. Begeistert lief er die Treppe hinunter und rief: »Hallo, Leoni«, und schmiss sie in die Luft.

»Papa«, sagte Leoni in der Luft, »kannst du Roberts Opa die Treppe hinauftragen? Er kommt dort mit seinem Rollstuhl nicht hoch.«

»Nichts leichter als das«, sagte Leonis Vater und fing sie wieder auf. Vorsichtig hob er dann Roberts Opa aus seinem Rollstuhl und trug ihn die Treppe hinauf, als wäre er leicht wie eine Feder.

Roberts Opa sagte stolz: »Früher hätt' ich Sie getragen, ich bin nämlich Superopa.«

Leonis Vater nickte und trug Roberts Opa in den Empfangsraum. »Hier haben Sie es gut, Superopa«, sagte er. »Von hier aus können Sie alles sehen.«

Leonis Vater setzte ihn auf das Ledersofa im gläsernen Empfangsraum. Er saß dort direkt hinter dem Mikrofon, durch das man Durchsagen machen konnte, wenn man auf einen kleinen, schwarzen Knopf drückte. Wie verzaubert starrte Roberts Opa auf den schwarzen Knopf. Was hatte er vor?

Leonis Vater spendierte den Kindern einen Gemüsesaft und putzte wieder mit dem Schrubber den Flur.

Leoni und Robert gingen in die Muckibude und schauten sich um. An allen Geräten und Maschinen saßen Männer und Frauen und trainierten ihre Muskeln.

»Ist das nicht ein Wunder, wie stark wir sind?«, fragte Leoni und saugte ganz kräftig an ihrem Strohhalm.

Robert nickte und summte ein Lied. Überall im Raum hingen Lautsprecher, aus denen leise Musik erklang, die nur unterbrochen wurde durch Durchsagen wie: »Hier spricht Superopa. Werdet so stark wie ich, dann habt ihr überall Freunde.«

Was war denn das? Leoni und Robert schauten sich an. Hatte da gerade jemand gesagt: »Hier spricht Superopa. Werdet so stark wie ich, dann habt ihr überall Freunde?« Robert blieb der Gemüsesaft im Halse stecken. Er hustete. Das war doch die Stimme von seinem Opa gewesen. Tatsächlich, Roberts Opa hatte sich im Empfangsraum das Mikrofon heruntergebogen, den schwarzen Knopf gedrückt und unterhielt nun die ganze Muckibude mit seinen Durchsagen:

»Stark zu sein,
bedarf es wenig,
nur wer klug ist,
ist ein König.«

Robert und Leoni liefen, so schnell sie konnten, zum Empfangsraum. Eine lachende Gruppe starker und großer Männer stand vor der Empfangsraumtür und die Kinder kamen nicht durch.

»Wenn es meinem Opa langweilig wird«, flüsterte Robert, »dann macht er die verrücktesten Sachen.«

Roberts Opa war es langweilig geworden. Er hatte die Tür abgeschlossen und warf den Schlüssel in hohem Bogen aus dem gläsernen Kasten. Robert konnte gerade noch »Nein« rufen, da landete der Schlüssel genau in der Öffnung eines Rohres, an dem Gewichte aufgehängt waren.

»Wir müssen meinem Opa helfen«, sagte Robert, »ich möchte nicht, dass er dort eingesperrt bleibt.«

Roberts Opa saß vergnügt auf seinem Ledersofa und zeigte auf die Stelle, wo der Schlüssel gelandet war.

»Ihr starken Männer, jetzt zeigt mal, was ihr draufhabt«, schrie Roberts Opa vergnügt in das Mikrofon.

Robert, Leoni und ihr Vater liefen zu der Gewichtsstange und versuchten den Schlüssel aus dem Rohr zu schütteln.

»Er hat sich verkantet«, sagte Leonis Vater. »Der Schlüssel sitzt fest.«

Leonis Vater versuchte mit der Hand in das Rohr zu fassen, aber er hatte sich durch das Krafttraining so dicke Finger antrainiert, dass er nicht in die Öffnung kam. Alle starken Männer und Frauen hatten sich inzwischen um das Schlüsselrohr versammelt und wussten nicht, was sie tun sollten. Alle Muskeln der Welt konnten hier nicht helfen. Robert schaute auf seine zarten Klavierhände und griff damit in das enge Rohr. Leoni hielt vor Spannung den Atem an. Schließlich zog Robert Zeigefinger und Mittelfinger aus dem Rohr heraus und hielt ihr den Schlüssel entgegen. Alle klatschten.

»Manchmal ist man stärker, als man denkt«, sagte Leonis Vater kopfschüttelnd und streichelte Robert über den Kopf.

»Und was ist mit mir, ihr starken Männer«, kam plötzlich Superopas Stimme aus den Lautsprechern. »Wer rettet endlich Superopa?«

Die Männer lachten und gingen zurück an ihre Kraftmaschinen. Die Kinder liefen mit dem Schlüssel zum Empfangsraum.

Robert öffnete die Tür und Leonis Vater stellte schnell das Mikrofon ab, bevor Roberts Opa noch mehr Unsinn machen konnte.

Superopa war gerettet und grinste, als wäre nichts passiert, worüber man sich Sorgen machen musste. Typisch Supermann.

»Ich bin jetzt auch ganz brav«, sagte Roberts Opa, als er mit dem Rollstuhl davonsauste.

»Das wäre wirklich mal ein Wunder«, flüsterte Robert und bewegte die Nase hin und her, als wäre er ein Kaninchen.

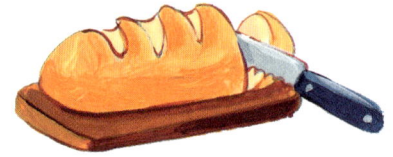

Beim Abendbrot

»Robert gefällt es nicht bei uns«, sagte Leoni beim Abendbrot.

»Wer ist Robert?«, fragte Leonis Mutter und löffelte Leoni und ihrem Vater Rührei auf den Teller.

»Ich mag kein Rührei«, sagte Leonis Vater, aber er aß es trotzdem auf, um noch stärker zu werden.

»Robert ist der Junge von nebenan«, sagte Leoni mit vollem Mund, »er will hier wieder weg.«

»Wo kommt er denn her?«, fragte Leonis Vater und aß den zweiten Teller Rührei mit Speck.

»Das weiß er nicht«, sagte Leoni, »er ist bisher immer nur umgezogen.«

Leoni stellte sich vor, wie es sein musste, wenn man immer nur woanders war und nirgendwo zu Hause.

»Er kommt aus einer Musikerfamilie«, sagte Leoni, »sein Vater spielt Geige, Robert spielt Klavier und seine Mutter singt gerade am Opernhaus in Stuttgart.«

»Oh, Stuttgart«, sagte Leonis Mutter. »Stuttgart liegt weit weg von allem.«

»Und was für ein Instrument spielt sein Opa?«, fragte Leonis Vater mit vollem Mund.

»Uwe«, sagte Leonis Mutter zu ihrem Mann, »man spricht nicht mit vollem Mund.«

»Und was für ein Instrument spielt sein Opa?«, fragte Leonis Vater noch mal ohne vollen Mund.

»Superopa war ein berühmter Dirigent«, sagte Leoni, nahm das Messer und bewegte es hin und her, als würde sie dirigieren.

Leonis Vater überlegte. »Komisch«, sagte er, »hier scheint jeder was zu können außer mir.«

Leonis Mutter lachte. »Du kannst doch was, mein Schatz«, sagte sie. »Du bist der stärkste Mann von Elsen.«

»Stimmt«, sagte Leonis starker Vater. »Schaut mal, was ich kann. Ich kann im Sitzen den ganzen Tisch hochheben.«

Tatsächlich, Leonis Vater hob den Tisch hoch, als wäre er aus Pappe und wollte unbedingt mal hochgehoben werden.

Leoni war stolz auf ihren starken Papa und kreischte »Rums«, als der Tisch mit einem lauten »Rums« wieder auf dem Boden landete.

»Einen Teller Rührei ess ich noch und dann zeig ich euch, was ich noch tragen kann«, sagte Leonis Vater hungrig und fiel schon über ihn her.

»Was kannst du denn noch tragen«, fragte Leoni neugierig.

»Dich«, sagte Leonis Vater, »und zwar ins Bett. Es ist nämlich Schlafenszeit.«

Leonie verdrehte die Augen und gähnte.

»Also gut«, sagte sie. »Aber nur, wenn ich ins Bett reiten darf.«

Leoni sprang und ihr Vater zog sie hoch, bis sie schließlich hucke-pack auf ihm thronte und wiehernd ins Bett gebracht wurde.

Zeichensprache

Leoni lag im Bett, als sie eine bekannte Melodie hörte. Es war eine Tonleiter, rauf und runter auf dem Klavier gespielt. Leoni lief zum Fenster und sah auf das Haus der Geräusche. Robert saß am Klavier und schaute zu ihr hoch. Er trug einen Schlafanzug.

Er ist zu weit weg, um ihm etwas zurufen zu können, dachte Leoni. Ich muss mir etwas einfallen lassen, dass wir uns auch so verstehen. Leoni hatte eine Idee. Sie faltete ihre Hände und legte den Kopf darauf. Dann bewegte sie den Kopf auf und ab, als würde sie träumen. So wollte sie fragen, ob Robert müde wäre und gleich schlafen wollte. Robert hatte verstanden. Freunde verstehen sich auch ohne viele Worte, das ist ein Wunder.

Er schüttelte den Kopf und führte eine Hand immer zum Mund, als wartete er auf das Abendbrot. Leoni nickte. So konnte man sich auch aus größerer Entfernung verständigen, ohne ein Wort sprechen zu müssen.

Leoni drehte einen Arm immer im Kreis, als würde sie rühren und streichelte sich dann selbst im Gesicht. Anders ausgedrückt rührte sie erst und war dann lieb zu sich, machte also »ei«. Genau, sie erzählte damit, dass es bei ihnen Rührei zum Abendbrot gegeben hatte. Nun war Robert wieder an der Reihe.

Er nahm einen Apfel aus der Schale am Fenster, winkte Leoni herbei und hob danach den Wischeimer hoch, der in der Nähe stand.

Zuerst war da ein Apfel, dachte Leoni, dann hieß das Winken »komm« und der Eimer zum Schluss war ein »Pott«. Klarer Fall: »Apfel-komm-pott«. Bei Robert gab es zum Abendbrot leckeres Apfelkompott.

Das war nicht einfach gewesen. Leoni war vom Raten müde geworden. Es wurde langsam dunkel. Ein schöner Tag verabschiedete sich. Sie wollte Robert zeigen, dass niemand ganz alleine ist, und hielt ihren Kuschelhugo vor sich und gab ihm einen Kuss. Robert machte ihr Küssen nach und sah trotzdem dabei traurig aus.

Vielleicht hat er keinen Kuschelhugo, dachte Leoni und hatte eine Idee.

Noch ein Piratentraum

»Hallo, ich bin's«, sagte Leoni und kitzelte Kapitän Holunder mit einer Möwenfeder an der Nase.

Kapitän Holunder musste niesen. »Hatschi!«

»Leoni«, nörgelte Kapitän Holunder, »ich dachte, du bist müde und schläfst.«

Leoni lachte: »Ich bin doch am Schlafen. Ich träume nur gerade von dir und freue mich, dich zu sehen.«

Kapitän Holunder zwirbelte seinen Bart. Im Augenblick wusste er wirklich nicht, ob er träumte oder alles wirklich passierte. Auf jeden Fall war er ein Pirat und ein so frecher Zwerg wie Leoni war ihm schon lange nicht mehr begegnet.

»Steig ein«, sagte Leoni. Man konnte an ihrer Stimme hören, dass es ihr sehr wichtig war, mit Kapitän Holunder zu reden.

Kapitän Holunder stieg zu Leoni ins Ruderboot und Matrose Piek ruderte sie hinüber zu Kapitän Holunders Piratenschiff.

»Wollt ihr immer noch euer Leben ändern?«, fragte Leoni.

»Wir wollen in den Himmel kommen, das ist richtig«, sagte Kapitän Holunder.

Piek, Matteng, die wilde Cordula und Schlotterheinz nickten. »Wir wollen alle in den Himmel kommen«, sagten sie.

Kapitän Holunder hob einen Finger und sagte: »Vorausgesetzt, es stimmt, was man sagt.«

Leoni wurde hellhörig. »Was sagt man denn so über den Himmel?«, fragte sie.

Kapitän Holunder holte ein dickes Buch aus der Kapitänskajüte, schlug es auf und zeigte es ihr. »Ha, ha, ha«, jubelte er. »Hier steht, unermessliche Reichtümer warten im Himmel auf alle, die guten Willens sind.«

Piek, Matteng, die wilde Cordula und Schlotterheinz nickten. »Unermessliche Reichtümer warten dort«, riefen sie.

Leoni ahnte, worauf die Piraten es abgesehen hatten. Die werden sich noch wundern, dachte sie.

»Ihr wisst aber auch, dass ihr euch dafür ändern müsst?«, fragte sie.

Alle nickten und stießen sich dabei an, als führten sie etwas im Schilde.

Leoni nickte. Sie wollte mit eigenen Augen sehen, wie ernst es die Piraten meinten.

»Ich habe einen Freund«, sagte sie, »der hat kein Schmusetier und liegt ganz allein im Bett.«

Piek, Matteng, die wilde Cordula und Schlotterheinz seufzten und riefen übertrieben: »Oh, wie traurig.«

»Ich will ihm zeigen, wie schön die Welt ist, wenn man nur die Augen offen hält«, erzählte Leoni weiter.

Piek, Matteng, die wilde Cordula und Schlotterheinz seufzten wieder und riefen übertrieben: »Oh, wie schön kann diese Welt sein.«

Leoni schaute sich um. Sie war sich gar nicht sicher, ob die Piraten ihr zugehört hatten. Wollten sie sie nur auf den Arm nehmen? Sie traute den Piraten nicht über den Weg.

Kapitän Holunder gähnte schließlich und fragte: »Das ist ja eine rührende Geschichte, mein Kind, aber was haben wir damit zu tun?«

»Ich brauche eure Hilfe«, schrie Leoni.

Ein starker Wind war aufgekommen.

»Und was sollen wir dabei tun?«, riefen die Piraten. Sie schauten sich um. Ein Unwetter kündigte sich an. Es wurde Zeit, die Segel einzuholen.

»Gebt mir etwas, damit sich Robert nicht mehr so allein fühlt«, schrie Leoni.

Kapitän Holunder zwirbelte seinen Bart und schaute besorgt in den Himmel. »Was soll das denn sein?«, fragte er.

Der starke Wind donnerte über das Schiff hinweg und wurde zum Sturm.

»Gebt ihm den süßen Schmusepiratenbären«, schrie Leoni schnell. Sie musste sich beeilen. Bei einem Sturm konnte sie nicht mehr lange auf dem Oberdeck bleiben. Kapitän Holunder überlegte. Er hatte den Schmusepiratenbär bei einem seiner letzten Raubzüge mitgehen lassen. Ein ganzes Schiff voller Schmusepiratenbären war in seine

Hände gefallen. Es würde ihm daher nicht schwerfallen, auf den einen oder anderen Schmusepiratenbären zu verzichten.

»Wenn man etwas Gutes tun will«, sagte Leoni, »dann wäre das ein Anfang.«

»Lasst uns etwas Gutes tun«, riefen Piek, Matteng, die wilde Cordula und Schlotterheinz.

Kapitän Holunder lief in seine Kapitänskajüte und brachte Leoni einen dicken, kleinen, süßen Schmusepiratenbären. Leoni drückte den Bären fest an sich. Es wurde Zeit zu gehen.

»Da wird sich Robert freuen«, sagte sie. »Vielen Dank für das Geschenk. Das habt ihr richtig gut gemacht.«

Die Piraten wurden rot vor Rührung und drucksten verlegen herum, als wären sie selbst erstaunt, wie schön es ist, etwas Gutes zu tun.

Plötzlich hörte Leoni, wie jemand Klavier übte. Jemand spielte auf dem Klavier Tonleitern rauf und runter. Sie wusste, wer sie so rief, und wurde wach.

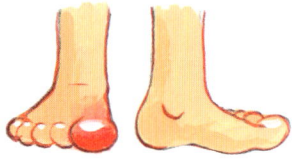

Quatsch und Quietsch

Leoni ging mit dem Schmusepiratenbär am Schlafzimmer ihrer Eltern vorbei. Ihr Vater lag noch im Bett und betrachtete seine Füße. Der linke Fuß sah ganz anders aus als der rechte. Leoni stellte sich ans Fußende des Bettes und schüttelte den Kopf.

»Was ist denn mit Quatsch und Quietsch los?«, fragte sie.

Ihr Vater rieb sich die Augen und murmelte: »Quatsch wollte gestern keinen Strumpf tragen, deswegen hat Quatsch heute einen Sonnenbrand und Quietsch, der linke Fuß, nicht.«

Quatsch bewegte seinen dicken Zeh und sagte: »Nun bin ich so rot wie eine Tomate.«

Quietsch bewegte alle fünf Zehen und quietschte: »Dann können wir doch jetzt Cowboy und Indianer spielen.«

Leoni lachte. Immer wenn ihr Vater gut gelaunt war, stellte er ihr morgens die berühmten Quatsch-und-Quietsch-Füße vor. Sie sagte: »Das ist doch eine prima Idee, der rote Quatsch spielt den Indianer und Quietsch die Cowboys.«

Der Quietschfuß sprang in die Höhe, als hüpfte er auf einem Trampolin, und alle Zehen zappelten herum und quietschten: »Wir sind die Cowboys. Wir sind die Cowboys.«

Quatsch verschwand unter der Bettdecke.

»Was ist denn los«, fragte Leoni. »Bist du beleidigt?«

Quatsch kam wieder unter der Bettdecke hervor und sagte: »Nein, ich bin doch der Indianer. Ich verschwinde einfach in meinem Zelt.« Quatsch schlüpfte wieder unter die Bettdecke.

»Wir wollen auch im Zelt sein«, quietschten die fünf Zehen von Quietsch.

Quatsch kam wieder unter seiner Bettdecke hervor. »Ihr seid doch Cowboys, ihr Zappelwürmer«, quatschte er. »Cowboys wohnen in einem Haus, Indianer in einem Zelt.« Schnell verschwand der Fuß wieder unter der Decke.

»Dann muss uns Quatsch einladen«, quietschten die Zehen Leoni zu.

»Fragt nicht mich«, sagte Leoni, »fragt Papa. Ihr seid seine Füße, er weiß, was zu tun ist.«

Leonis Vater nickte und ließ den Quatschfuß die Bettdecke rauf und runter heben, so als würde er nachdenken.

»Ich soll die Cowboys einladen«, murmelte Quatsch, »dann wird es aber eng hier.«

Leoni tat so, als würde sie ungeduldig.

»Was ist los?«, rief sie. »Dürfen die Cowboys nun in dein Zelt kommen oder nicht.«

Quatsch kam unter der Bettdecke hervor und sagte: »Na gut, aber nur unter einer Bedingung.«

»Sagen, sagen«, quietschten die Zehen aufgeregt.

Quatsch legte den großen Zeh über den Nachbarzeh, so als würde er sich die Nase zuhalten und sagte: »Die Cowboys müssen sich vorher waschen. Sie stinken nach Käse.«

»Wer stinkt hier nach Käse?«, quietschten die Cowboys.

»Du«, sagte Quatsch zu Quietsch.

»Quatsch«, sagte Quietsch zu Quatsch, »wenn hier einer nach Käse stinkt, dann du.«

So ging es hin und her und her und hin. Schließlich verkrochen sich beide Füße beleidigt unter der Decke, bis Leoni anfing zu singen:

»Meine besten Grüße
an die schmutz'gen Füße.
Hört bloß auf mein Flehen,
wascht euch mal die Zehen.«

Leonis Vater lachte und sagte wieder mit seiner normalen Stimme: »Dann will ich mal aufstehen und mir die Füße waschen. Das heißt, wenn Quatsch und Quietsch mitkommen.«

Leoni und der Schmusepiratenbär klatschten in die Hände, als wären sie im Theater. Quatsch und Quietsch verbeugten sich mit den Zehen und halfen Leonis Vater beim Aufstehen. Ein Wunder. So war es immer, am Schluss hielten sie doch zusammen. Der Tag begann.

Der Schmusepiratenbär

Es regnete. Leoni lief mit ihrem Schmusepiratenbär zum Nachbarhaus und klingelte. Roberts Vater öffnete die Tür und saugte an seinem Zeigefinger, als wäre es eine Zuckerstange. »Ich blute«, erklärte er sofort. »Ich habe versucht ein Regal aufzuhängen und mich dabei verletzt.«

Roberts Opa, in seinem Supermann-T-Shirt, stand hinter ihm und sagte: »Typisch, Geige spielen kann er, aber wehe, er muss mal einen Nagel in die Wand schlagen.«

Roberts Vater schüttelte den Kopf, schaute Leoni an und sagte: »Wenn es ihm langweilig wird, sagt er immer die komischsten Sachen.«

Leoni zeigte auf den grauen Himmel: »Ich will mit Robert die Sonne suchen gehen.«

»Robert hat gleich Klavierunterricht«, sagte Roberts Vater, »da hat er wenig Zeit, die Sonne zu suchen.«

Superopa kicherte, spannte einen Regenschirm auf und fuhr

in den Regen. »Wenn mich jemand sucht, ich bin in der Mucki-bude.«

»Hä?«, Roberts Vater glaubte, nicht richtig verstanden zu haben. »Was willst du denn beim Kraftsporttraining?«

»Was will man wohl beim Kraftsporttraining? Superopa muss stark bleiben!«, sagte er und fuhr durch den Regen davon.

Roberts Vater schüttelte wieder den Kopf und bat Leoni herein-zukommen. Leoni trat in die Wohnung. Überall standen noch die Umzugskisten und warteten darauf, ausgepackt zu werden. Sie wollte gerade in das Zimmer gehen, wo das Klavier stand, als sich eine Umzugskiste öffnete und Robert daraus auftauchte wie ein Kobold. Er legte einen Finger auf die Lippen und sagte: »Psssst. Mein Vater soll mich nicht finden.«

»Ich hab dir etwas mitgebracht«, flüsterte Leoni und gab Robert den Schmusepiratenbären.

Robert schaute sich das Kuscheltier an, als hätte er so etwas noch nie gesehen. »Was soll ich denn damit?«, fragte er unsicher.

Leoni war enttäuscht. »Das ist ein Schmusepiratenbär«, flüsterte sie, »den habe ich richtigen Piraten abgeluchst.«

Robert legte den Bären nachlässig auf eine der Kisten, die herumstanden, und fragte ungläubig: »Und was kann man damit machen?«

Leoni staunte: »Du fragst, was man mit einem Kuschelbären machen kann?«

Robert lachte verlegen, er hatte noch nie einen Kuschelbären gehabt.

»Mit einem Kuschelbären kann man kuscheln. Man nimmt ihn und drückt ihn an sich«, sagte sie. »Er ist schön weich und nach dem Kuscheln geht es einem besser.«

Roberts Vater kam ins Zimmer und suchte einen Hammer. Schnell verschwand Robert wieder in seinem Karton.

»Wo ist denn wieder dieser doofe Hammer?«, fragte Roberts Vater und verließ den Raum, ohne ihn gefunden zu haben.

Robert tauchte wieder aus seiner Kiste auf.

»Ich wollte dich eigentlich fragen, ob du mit mir die Sonne suchen gehst?«, fragte Leoni.

»Die Sonne suchen?«, fragte Robert ungläubig.

Leoni verdrehte die Augen. Es war wirklich nicht ganz einfach, mit Robert zu spielen. Erst freute er sich nicht über den Schmusepiratenbär und dann konnte er sich nicht mal vorstellen, die Sonne zu suchen. Wer Wunder finden will, muss schon die Augen offen halten, dachte Leoni.

»Aua«, hörten sie in dem Augenblick Roberts Vater im Flur klagen. Er hatte nicht nur den Hammer wieder gefunden, sondern sich diesmal damit auf den Daumen gehämmert. Robert schnappte sich den Karton, drehte ihn mit der Öffnung nach unten und krabbelte darunter.

»Lass uns von hier verduften«, flüsterte er. »Mein Vater hat so schlechte Laune, dass er bestimmt gleich mit mir Klavier üben will.«

Leoni sagte: »Jeden Tag will ich dir ein Wunder zeigen und heute regnet es, da werden wir die wundervolle Sonne suchen.«

»Alles klar«, sagte Robert und bewegte seine Nase, als wäre er ein Kaninchen, »alles ist besser, als hier zu sein.«

Leoni ging durch den Flur. Roberts Vater stand auf der Leiter und pustete seinen dicken roten Daumen. Als wäre er Leonis Hund, krabbelte Robert unter seinem Karton hinter Leoni her und gab keinen Mucks von sich.

Roberts Vater schaute kurz auf und sagte: »Da läuft ein Karton hinter dir her.«

Leoni schaute sich um und tat so, als sähe sie diesen Karton zum ersten Mal. Erschrocken schrie sie »Oh« und lief schnell weg, als würde der Karton sie verfolgen. Roberts Vater war vollauf mit dem Pusten seines Daumens beschäftigt und schaute gleichgültig der Kartonjagd zu.

»In Elsen passieren immer die tollsten Sachen«, rief Leoni und öffnete die Haustür.

Darauf hatte Robert nur gewartet. Sofort krabbelte er aus dem Flur, richtete sich in seinem Karton auf und lief mit Leoni durch den Regen. Schnell rannten sie zur Gaststätte *Rosinenbrotkrug*, auf die andere Seite der Straße, und stellten sich unter das Vordach.

Robert stülpte den Karton von seinem Kopf und schaute in den Himmel.

»Regenwunder?«, fragte Robert nur aus Spaß.

Leoni nickte, aber ganz im Ernst.

Die Sonnensucher

Alles roch. Blume, Busch und Gras atmeten auf und gaben ihren Duft an die Welt.

»Gehen wir nun die Sonne suchen?«, fragte Leoni.

»Nein danke«, sagte Robert, »geduscht habe ich erst gestern.«

Die Regentropfen fielen wie Bindfäden auf die Erde und man wäre sofort pitschnass gewesen, wenn man den Weg fortgesetzt hätte. Der Rosinenbrotweg lag völlig verlassen da, nur Herr Ferdinand ging mit seinen vier Hühnern Frühling, Sommer, Herbst und Winter spazieren.

»Herr Ferdinand, Herr Ferdinand, vier Hühner stehn im Regenland«, rief Leoni erstaunt.

Herr Ferdinand zeigte auf seine Hühner.

»Frühling, Sommer, Herbst und Winter lieben den Regen und ich komme mit«, lachte Herr Ferdinand. »Ich glaube manchmal, wir sind alle nicht ganz dicht.«

Herr Ferdinand und seine vier Hühner waren geschützt durch

Plastikfolien und es machte Plong, Plong, wenn der Regen auf sie traf. Mit glücklichen Gesichtern schlenderten die fünf durch die Regenlandschaft, als wäre Herr Ferdinand ein Wassermann und seine Hühner Seehühner.

»Wir suchen die Sonne«, rief Leoni, »aber wir wissen gar nicht, wo wir anfangen sollen zu suchen.«

»Ganz einfach«, rief Herr Ferdinand, »wo die Sonne ist, ist es warm

und die Leute sind braun gebrannt.« Herr Ferdinand lachte. »Wenn ihr die Sonne findet«, rief er, »besorgt uns einen schattigen Platz, wo sich meine vier Jahreszeiten ausruhen können.«

Herr Ferdinand hatte recht. Sie brauchten nur einen Ort zu finden, wo es warm war und die Leute braun gebrannt waren. Dort musste die Sonne wohnen. Robert und Leoni schauten sich an und nickten. Diesen Ort wollten sie finden. Robert hatte eine Idee, wie man trocken durch den Regen kommen konnte. Er hielt den Karton über sich und Leoni stellte sich zu ihm darunter. Unter ihrem Pappdach liefen sie den Rosinenbrotweg entlang, bis sie zum Sonnenstudio »Ultrabraun« kamen.

»Schau mal«, sagte Robert.

Aus dem Sonnenstudio kamen braun gebrannte Leute und liefen durch den Regen zu ihren Autos. Im Sonnenstudio war es warm und hell beleuchtet. Alles war so, wie Herr Ferdinand die Heimat der Sonne beschrieben hatte.

»Im Sonnenstudio muss die Sonne sein«, flüsterte Leoni.

Robert und Leoni stellten den aufgeweichten Karton hinter einem Fahrradständer ab und gingen in das Sonnenstudio. Sie schauten sich um. Überall sahen sie kleine Kabinen, deren Türen manchmal offen waren und manchmal zu. Eine braun gebrannte Frau mit blonden Haaren kam ihnen mit Putzlappen und Reinigungsspray entgegen und lächelte sie an.

»Sucht ihr eure Eltern?«, fragte sie.

»Wir suchen die Sonne«, sagte Leoni. Robert wurde rot, als hätte er einen Sonnenbrand. Die Frau lächelte freundlich weiter und schien es ganz normal zu finden, dass jemand vor ihr stand und die Sonne suchte.

»Da seid ihr hier richtig«, sagte die Frau sogar und zeigte auf die Kabinen. »Hinter den geschlossenen Türen liegen Männer und Frauen unter künstlichen Sonnen und lassen sich bräunen.«

In dem Augenblick ging eine der Kabinentüren auf und eine Frau mit Inlinern rollte aus der Kabine heraus und fuhr fort. Robert und Leoni schauten sich eine der geöffneten Kabinen an. Dort stand eine Sonnenbank, auf die man sich legen konnte, wenn man braun werden wollte. Überall waren Röhren zu sehen, die einen genauso anstrahlen konnten wie die Sonne.

»Na ja«, sagte Leoni enttäuscht, »die Sonne habe ich mir eigentlich anders vorgestellt.«

»Immerhin wissen wir jetzt«, sagte Robert tröstend, »wie es in einem Sonnenstudio aussieht.«

»Aber ich wollte dir doch ein Wunder zeigen«, sagte Leonie.

Robert lachte. »Das hast du doch«, sagte er. »Wir haben immerhin Herrn Ferdinand mit seinen vier Hühnern getroffen. Und jemand, der gerne im Regen spazieren geht, ist doch schon ein Wunder.«

Leoni und Robert gingen nach draußen und wurden geblendet. Die Kinder blieben stehen und schlossen die Augen. Warme Sonnenstrahlen berührten ihre Gesichter, als wollten sie Leoni und Robert streicheln. Hinter grauen Regenwolken war die Sonne hervorgekommen und sagte: »Guten Tag.«

»Dort wohnt die Sonne«, flüsterte Leoni und zeigte auf den Himmel.

Die Sonne schien auf die Welt, die nassen Straßen wurden trocken und ein liegen gebliebener Karton auch. »Ein Karton ist ein idealer Ort für Hühner, die Schatten suchen und Frühling, Sommer, Herbst und Winter heißen«, sagte Robert. Die Kinder ließen den Karton für Herrn Ferdinand und seine Hühner liegen. Dann gingen sie nach Hause. Sie fanden eine Getränkedose und schossen sie sich so lange zu, bis sie zu Hause angekommen waren.

Superopa singt

Leoni hatte ihren Schlafanzug an. Sie stand am Fenster, als sie Roberts Opa hörte. Er fuhr mit seinem Rollstuhl durch den Gartenweg zum Geräuschehaus und sang:

»Was keiner kann,
kann Supermann,
und wenn er manchmal,
dann und wann,
selbst Hilfe braucht,
nimmt er sie an.
Was keiner kann,
kann Supermann!«

Roberts Vater kam aus dem Haus gelaufen und schimpfte: »Opa, was machst du denn für einen Krach. Du störst doch alle Nachbarn.«

Roberts Opa schaute sich um und machte »Psst«, dann lachte er und flüsterte: »Ich bin froh, dass ich noch Krach machen kann.«

Roberts Vater kniete sich zu seinem Vater hinunter. Erst jetzt fiel Leoni auf, wie ähnlich sich beide waren. Beide hatten rote Haare und eine Stupsnase, wie Robert. Wenn Roberts Vater auch ein Supermann-T-Shirt tragen würde, könnten sie als Zwillinge durchgehen.

»Was soll denn Robert von dir denken?«, sagte Roberts Vater.

Roberts Opa strich sein Supermann-T-Shirt glatt und sagte: »Er soll denken, dass er einen starken Opa hat.«

Roberts Vater sprach leise und schaute sich vorsichtig um: »Du verziehst mir mit all dem Unsinn den Jungen. Heute hat er wieder nicht Klavier geübt, wenn das so weitergeht, sehe ich schwarz.«

Roberts Opa fuhr mit seinem Rollstuhl auf und ab, als müsste er überlegen, und sagte schließlich: »Hast du dir mal überlegt, ob Robert überhaupt ein Instrument spielen möchte?«

Roberts Vater wollte etwas sagen, aber Roberts Opa war noch nicht fertig: »Ich sehe doch, dass es dem Jungen keinen Spaß macht, so viel zu üben. Vielleicht solltest du ihn erst mal fragen, was er mit seinem Leben vorhat.«

Roberts Vater sagte lange nichts und schaute dem hin- und herfahrenden Rollstuhl zu. Schließlich räusperte er sich und flüsterte: »Du kannst Klavier spielen, ich kann Klavier spielen und ich möchte, dass Robert sein Talent nutzt und auch Klavier spielen lernt.«

Dann drehte er sich um und ging ins Haus. Roberts Opa rief ihm hinterher. »Vielleicht wirst du erst merken, was Robert wirklich will, wenn das Klavier verschwunden ist.«

Leoni hatte das Fenster geöffnet und zufällig jedes Wort mitgehört. Das ist es, dachte sie, man müsste das Ding verschwinden lassen. Nur, wie lässt man ein Klavier verschwinden?

Robert und der Piratenbär

Robert lag schon im Bett, als er sich an den Schmusepiratenbär erinnerte. Er stand auf, lief zu dem Bären und sah ihn an. Der Schmusepiratenbär lag ganz allein auf dem Umzugskarton und lächelte. Seine schwarze Augenklappe war verrutscht und Robert rückte sie wieder gerade. Was hatte Leoni gesagt? Einen Kuschelbären kann man kuscheln. Man nimmt ihn und drückt ihn an sich. Er ist schön weich und nach dem Kuscheln geht es einem besser.

Robert schaute den Bären an. Er sah wirklich lieb aus und weich war er auch. Robert dachte, wenn der Schmusepiratenbär ihn anlächelte, konnte er auch zurücklächeln. Robert grinste über das ganze Gesicht und streichelte den Bären sanft über seine Piratenmütze.

»Wie heißt du denn?«, fragte Robert den Bären.

»Ich bin Kapitän Bärtram«, brummte der Bär.

Hatte Robert richtig gehört? Hatte der Bär gerade seinen Namen gebrummt oder hatte er das nur geträumt? Eigentlich machte das kaum einen Unterschied, dachte er.

»Ich heiße Robert«, sagte Robert und schüttelte Bärtrams rechte Pfote. »Kannst du Klavier spielen?«, fragte Robert seinen Bären.

Der Bär sagte nichts.

»Das ist nicht schlimm«, sagte Robert. »Ich kann das auch nicht.«

Robert drückte den Bären an sich und lächelte. Wie schön es war, wenn man jemanden gern haben konnte. Es war passiert. Robert hatte Bärtram ins Herz geschlossen und einen neuen Freund gefunden. Leoni hatte Recht. Ein Kuschelbär ist schön weich und nach dem Kuscheln geht es einem besser.

In der Nacht schlief Bärtram zum ersten Mal neben Robert und als Robert aufwachte, war Bärtram noch da und lächelte ihn an. War das ein Glück!

271 Methoden, ein Klavier verschwinden zu lassen

»Hallo, ich bin's«, sagte Kapitän Holunder und kitzelte Leoni mit einer Möwenfeder an der Nase.

Leoni musste niesen. »Hatschi!«

»Kapitän Holunder«, flüsterte Leoni, »lass mich schlafen! Ich bin müde.«

Kapitän Holunder lachte: »Du bist doch am Schlafen. Du träumst nur gerade von mir und freust dich, mich zu sehen.«

Leoni streckte sich im Traum und rieb sich den Schlaf aus den Augen.

»Von wegen. Ich freue mich überhaupt nicht, dich zu sehen«, sagte Leoni. »Mir ist es auch völlig egal, ob ich wirklich wach bin oder nur im Traum. Du raubst mir einfach meinen Schlaf und das nervt.«

Kapitän Holunder zwirbelte seinen schönen schwarzen Bart und grinste frech: »Ich habe gehört, du hast Probleme mit einem Klavier?«

»Von wem hast du das gehört?«, fragte Leoni.

»Deine Gedanken haben dich verraten«, sagte Kapitän Holunder.

»Ich möchte doch nur meinem Freund Robert helfen«, sagte Leoni.

»Das verstehe ich«, sagte Kapitän Holunder. »Ich sollte als Kind Blockflöte lernen, da bin ich lieber Pirat geworden.«

»Oh, Blockflöte«, schrie Leoni, »da wäre ich auch lieber Pirat geworden.«

Kapitän Holunder lachte und klopfte Leoni gut gelaunt auf die Schulter.

»Kannst du mir helfen, Roberts Klavier zu verstecken?«, fragte Leoni.

»Wenn ›helfen‹ wirklich etwas Gutes ist, helfe ich dir gerne«, sagte Kapitän Holunder geheimnisvoll.

»Du kannst es wohl gar nicht abwarten, in den Himmel zu kommen, was?«, fragte Leoni.

»Natürlich nicht«, lachte Kapitän Holunder, »im Himmel warten doch so viele Reichtümer auf mich.«

Leoni stieg mit Kapitän Holunder in das Ruderboot und ließ sich zu seinem Piratenschiff bringen. Kapitän Holunder lud sie in die Kapitänskajüte ein. Dort saßen sie und tranken Holundersaft, Kapitän Holunders Lieblingssaft.

»Immer wenn ich Holundersaft trinke, bekomme ich gute Ideen«, sagte Kapitän Holunder.

»Zum Beispiel, wie man ein Klavier verschwinden lassen kann?«, fragte Leoni.

Kapitän Holunder nickte und sagte: »Du weißt, wie groß und wie schwer ein Klavier ist. Um ein Klavier verschwinden zu lassen, braucht man schon einen ganz, ganz außergewöhnlichen Fachmann wie ...«

»Kapitän Holunder?«, fragte Leoni.

Kapitän Holunder nickte. Schnell öffnete er die Geheimschublade seines Kapitänstisches und holte daraus ein altes, verstaubtes Buch

hervor. Er pustete eine dicke Staubschicht von dem Buchdeckel und hielt es Leoni entgegen.

»271 Methoden ein Klavier verschwinden zu lassen«, stand auf dem Buchdeckel.

»Wir Piraten kennen uns mit Klavieren aus«, flüsterte Kapitän Holunder. »Gerade das Verschwindenlassen von Klavieren gehört zu unseren leichtesten Übungen.«

Leoni schlug das Buch auf und las vor: »Methode 104 ein Klavier verschwinden zu lassen: Man nehme sich eine Schaufel und grabe in seinem Garten ein großes und tiefes Loch. Man nehme nun das Klavier und lasse es im Erdloch verschwinden. Danach schnell wieder mit der Schaufel Erde in das Erdloch werfen, bis das Klavier verschwunden ist. Wenn man will, kann man einen Apfelbaum darüber wachsen lassen, dann macht es immer schepperdiklemm, wenn ein reifer Apfel auf den Boden fällt.«

»Das sind Ideen, die einem kommen, wenn man Holundersaft trinkt«, lachte Kapitän Holunder und hielt Leoni sein Glas entgegen.

»Prost«, sagte Leoni und schlug ihr Glas gegen das des Kapitäns. »Ich hoffe nur, dass die anderen 270 Methoden einfacher sind als die Gartenloch-Methode.«

Leoni hörte in der Ferne Musik. Es waren diesmal nicht Roberts Tonleiterübungen, die sie sonst weckten, sondern ein wunderschönes Geigenstück. Sie konnte gerade noch ihren Holundersaft austrinken und zu Kapitän Holunder »Danke« sagen, da wurde sie wach.

Schöne Musik

Leoni versteckte das Buch des Piraten unter ihrem Kopfkissen und lief in die Küche. Ihre Mutter schlug gerade fünf Eier in eine Schüssel und weinte.

»Warum weinst du denn?«, fragte Leoni und nahm ihre Mutter in den Arm.

»Es ist so schön«, sagte ihre Mutter schluchzend.

Leoni war beruhigt. Ihre Mutter weinte nicht, weil sie traurig war, sondern weil sie glücklich war. So etwas gab es also auch.

»Ist das Wetter heute so schön?«, fragte Leoni.

Die Mutter schüttelte den Kopf.

»Das Wetter ist auch wunderschön, aber das ist es nicht«, sagte die Mutter und zog die Nase hoch.

Leoni schaute aus dem Fenster. Die Sonne schien nicht und graue Wolken ließen alles wirken wie in einem Schwarz-Weiß-Film.

»Ist vielleicht das Rühreibraten so schön?«, fragte Leoni.

Die Mutter rührte die Eier in der Pfanne, bis sie ganz gelb waren.

»Natürlich sind die Eier von Herrn Ferdinands Hühnern wunderschön«, schluchzte die Mutter, »aber das ist es nicht.« Die Mutter salzte die Eier, als wollte sie sie schmücken, und drehte dann den Herd aus, als wollte sie ihn ausruhen lassen. Leoni schaute ihre Mutter an und sah das Strahlen in ihren Augen.

»Freust du dich so, weil ich da bin?«, fragte Leoni.

Ihre Mutter kratzte die Eier aus der Pfanne auf einen Teller und stellte diesen auf den Tisch.

»Natürlich freue ich mich, dass du da bist«, sagte die Mutter und gab Leoni einen Kuss, »aber deswegen weine ich nicht.«

»Was ist denn dann so schön?«, fragte Leoni.

Die Mutter ging zum Küchenfenster und zeigte auf den Balkon des Nachbarhauses. Auf dem Balkon stand Roberts Vater und spielte

Geige. Er spielte so schön, dass sich im Himmel die Vögel trafen und andächtig lauschten.

»Die Musik ist so schön«, flüsterte Leonis Mutter. »Sie rührt mein Herz und sofort muss ich weinen.«

Leonis Vater war aufgestanden. Er kam in die Küche und trug sein Nachttischchen wie einen Bauch vor sich her.

»Schaut mal, was ich kann!«, rief er gut gelaunt und stemmte sein Nachttischchen zehnmal in die Höhe.

»Bravo, Papa«, rief Leoni, »du bist schon wieder stärker geworden.«

Leonis Vater setzte sich stolz an den Frühstückstisch und nahm sich von dem Rührei.

»An dem Rührei fehlt ja der Speck«, rief er plötzlich.

Leonis Mutter lauschte noch immer der wundervollen Geigenmusik und sagte: »Ist das nicht schön.«

»Na ja«, sagte Leonis Vater, »Rührei mit Speck schmeckt mir besser als Rührei ohne Speck.«

»Mama meint doch die Musik«, sagte Leoni und zeigte auf den Nachbarbalkon. Roberts Vater hatte noch immer die Geige an seinen Hals gedrückt und spielte zum Steinerweichen. Die Morgensonne kam sogar früher hervor als sonst, als hätte die Musik sie neugierig gemacht, mal vor ihrer Zeit auf der Erde vorbeizuschauen. Leoni war überrascht, welch schöne Töne Roberts Vater seinem Instrument entlocken konnte.

Endlich hörte sie mal schöne Geräusche aus dem Geräuschehaus. Roberts Vater schien sonst so streng zu sein, nun lernte sie ihn von einer anderen Seite kennen. Leoni dachte an die Melodie

ihres Lieblingsliedes und plötzlich fiel ihr sogar der Text wieder
ein:

> »In meiner kleinen Stadt, da kann man was erleben,
> in meiner kleinen Stadt, da gibt es viel zu sehn.
> In meiner kleinen Stadt, da kann es Wunder geben,
> in meiner kleinen Stadt ist vieles neu und schön.«

Das müsste Roberts Vater mal spielen. Leonis Mutter hatte sich die
Tränen getrocknet und schnitt kleine Speckstücke in das Rührei. Leo-
nis Vater hob wieder sein Nachttischchen hoch und sagte: »Schöne
Musik ist schön, aber Rührei mit Speck ist auch gut.«
Leoni lachte und der Tag konnte beginnen.

Die Elefantenparty

Leoni besuchte Robert. Roberts Vater war noch immer damit beschäftigt, aufzuräumen und einzurichten. Der Umzug nach Elsen war geschafft, nun musste alles wieder seinen Platz finden und gemütlich sein. Bilder mussten aufgehängt, Sessel zusammengeschraubt werden und das Sofa war noch belegt mit tausend Kisten, Klamotten und Decken. Leoni und Robert lagen auf dem Teppich und blätterten in einem Buch. Es war das Buch von Kapitän Holunder: »271 Methoden ein Klavier verschwinden zu lassen«.

»Wir können das Klavier unmöglich im Garten vergraben«, flüsterte Robert. »Das dauert zu lange und mein Vater würde es sicherlich bemerken.«

Leonie nickte.

»Hier steht, dass man ein Klavier verschenken kann, dann kommt jemand und holt es ab«, las sie leise vor.

Robert lachte. Er konnte sich nicht vorstellen das Klavier zu verschenken. Es war doch ein altes Familieninstrument. Auf ihm hatten

schon sein Opa und sein Vater Klavier spielen gelernt. So ein Klavier hielt man in Ehren.

Leoni hatte etwas gefunden. »Elefantenparty«, las sie vor. »Nichts ist schöner als eine Elefantenparty. Man verwandelt dazu ein Klavier in einen Elefanten.«

Das war eine gute Idee.

»Hast du ein großes dickes Klavier zu Hause«, las Leoni weiter vor, »verkleide es als Rüsseltier. Das Klavier wird zum Tier, nun wirst du lachen, man kann nicht mehr Musik drauf machen.«

Leoni und Robert schauten sich mit großen Augen an, rissen die

Arme in die Höhe, wackelten mit den Köpfen und flüsterten: »Hurra, das ist es. Wir feiern eine Elefantenparty!«

Sie mussten sich beeilen. In einer halben Stunde wollte Roberts Vater kommen und mit dem Klavierunterricht beginnen.

»Eine halbe Stunde ist nicht sehr lang, um aus einem Klavier einen Elefanten zu zaubern«, flüsterte Robert.

»Es ist aber einfacher, als aus einem Elefanten ein Klavier zu machen«, flüsterte Leoni zurück. Die Elefantenparty begann.

Leoni fand als Erstes eine große Tagesdecke, die man über das Klavier streifen konnte. Nun war das Klavier schon fast verdeckt und so grau wie ein Elefant. Robert schob ein dickes Kissen unter die Decke, damit der Dickhäuter auch einen Buckel bekam. Zwei Äpfel wurden die Augen. Schnell ließen sie noch eine kleine Kordel an der anderen Seite des Klaviers herausbaumeln, fertig war das Elefantenschwänzchen. Das Klavier sah beinahe aus wie ein Elefant, aber irgendetwas fehlte noch an ihm.

»Trööt, trööt«, machte Leoni leise, »ein Elefant braucht doch einen Rüssel.«

Robert zog die Nase hoch, lief nach draußen und holte aus dem Gartenhaus einen Gartenschlauch.

»Das soll der Elefantenrüssel sein!«, rief Robert.

Sie konnten gerade noch den Schlauch befestigen, als Roberts Vater das Zimmer betrat, um mit der Klavierstunde zu beginnen.

»Wo ist denn das Klavier?«, fragte er erstaunt.

Leoni und Robert zeigten auf den Elefanten.

»Das ist doch kein Klavier«, sagte Roberts Vater, »das ist doch ein Elefant.« Er ging um den Elefanten herum und zog an dem Rüssel.

»Das war mal ein Klavier«, sagte Robert mutig, »nun ist es ein Elefant.«

»Genau«, rief Leoni, »wir spielen nämlich Elefantenparty.«

Roberts Vater schaute sich den Elefanten genauer an. Er hob die Decke ein wenig und entdeckte darunter die schwarz-weiße Tastatur.

»So, so«, sagte Roberts Vater, »ihr feiert also eine Elefantenparty. Wie ich euch kenne, fällt deshalb die Klavierstunde aus, oder?«

Robert schluckte und sagte: »Ich hole alles nach, ... wenn ich, ... wenn ich mit Leoni gespielt habe.«

Roberts Vater strich Robert über den Kopf, murmelte etwas wie »Also gut, man soll nichts übertreiben« und ließ Robert, Leoni und den Elefanten allein zurück.

»Das ist ja wie ein Wunder«, flüsterte Robert. »Der Trick hat geklappt und mein Vater hat mir sogar über den Kopf gestreichelt.«

Leoni klatschte begeistert in die Hände.

»Prima«, sagte sie, »dann können wir uns jetzt um andere Wunder kümmern.«

Das Geräuschehaus

Leoni hatte eine Idee. Sie zog Robert ihr Stirnband über die Augen und wedelte ihm mit der Hand vor den Augen her. Robert zuckte mit keiner Wimper, er sah ja nichts mehr.

»Was hast du vor?«, fragte Robert.

Leoni wollte ganz sichergehen, stellte sich direkt vor ihn hin, verzog ihr Gesicht zu grausigen Grimassen, aber Robert zuckte mit keiner Wimper. Nun war sich Leoni sicher, Robert sah wirklich nichts mehr. Sein Haar stand ab wie bei einem Igel. Er zog die Nase hoch und fragte erstaunt: »Was soll das denn werden, wenn es fertig ist?«

Leoni nahm Robert an die Hand und zog ihn hinter sich her. »Wir sind auf der Suche nach schönen Geräuschen«, flüsterte sie.

Robert ließ sich einfach ziehen und ging mit Leoni eine Treppe hinunter.

»Ganz vorsichtig«, flüsterte Leoni.

Das brauchte man Robert nicht zweimal zu sagen, wer nichts sieht, passt schon auf.

»Lass mich bloß nicht los«, flüsterte nun auch Robert, den das Flüstern von Leoni angesteckt hatte.

Leoni kicherte. »Vertrau mir«, sagte sie, »ich will dir doch auch heute ganz neue Wunder und Geräusche zeigen.«

Robert zog die Nase hoch. Was sollte es in ihrem Haus schon zu hören geben. Hier gab es manchmal Musik zu hören, aber ansonsten war es still, oder?

Robert war erstaunt, weil er nichts mehr sehen konnte, konnte er auf einmal besser hören. Es war so, als ob jedes Geräusch da war, um ihm einen Weg durch die Dunkelheit zu zeigen. Er hörte plötzlich ein Geräusch, das wie ein helles Murren klang. Es klackte etwas dabei und das helle Murren wurde zu einem fantastischen Drehen und Kreischen. Robert erinnerte sich. Leoni war mit ihm eine Treppe hinuntergegangen, er war also im Keller und dort schleuderte die ganze Zeit die Waschmaschine.

»Ich höre unsere Waschmaschine ein Lied singen«, flüsterte Robert.

Robert drehte den Kopf, als wäre er eine Waschmaschinen-trommel, würde schleudern und flüsterte dabei, immer schneller werdend:

»Ach wasch, wasch, wasch,
mit Dash, Dash, Dash,
ganz rasch, rasch, rasch,
Rock, Hose, Tasch'!
Die Tasch', Tasch', Tasch'!«

Leoni kicherte, aber nicht nur das alte Geräuschehaus hatte schöne Geräusche zu bieten. Sie zog Robert durch die Waschküche nach draußen in den Garten. Sie wollte ihn auch dort das Lauschen lehren. Ein Flugzeug flog zu dicht über die Häuser. Robert bückte sich ein wenig und beide Kinder hielten sich automatisch die Ohren zu.

»Huiii!«, riefen sie und Robert murmelte: »Ein Flugzeug.«

Er drehte seinen Kopf hin und her. Ihm war noch nie aufgefallen, wie viele Klänge und Geräusche die Welt belebten. Er hörte das Gurren der Tauben. Etwas huschte durch das Gras und war ganz leise dabei. Ein Laster fuhr über den Rosinenbrotweg und quietschte dabei mit den Achsen.

Das war wahrscheinlich der McDonald's-Laster, dachte Robert, aber er sagte es nicht laut, um die Welt der Klänge und Geräusche nicht zu stören. Robert lauschte, er konnte Leoni atmen hören, das hörte sich lebendig an. Sie führte Robert wieder in ein Haus hinein. Er konnte spüren, dass es sein Haus war, weil jemand Geige spielte. Das konnte nur sein Vater sein. Plötzlich hörte Robert ein lidl lit, lidl lit, lidl lit? Was konnte das sein? Sein Vater hörte auf Geige zu spielen, ging ein paar Schritte und sagte dann: »Ja, hier bei Bautzmann.« Robert wusste wieder, was das »lidl lit, lidl lit« zu bedeuten hatte. »So klingelt das Handy meines Vaters«, flüsterte er Leoni zu. Leoni nickte, aber das konnte Robert nicht sehen, weil seine Augen ja verbunden waren.

Robert hörte das Ticken der alten Standuhr, die im Flur stand. Er lauschte dem Knarren der Gartentür, die vom Wind leicht hin und her wehte.

»Nun, was sagst du zu deinem Geräuschehaus?«, flüsterte Leoni.

»Mir fehlt das Lachen meiner Mutter«, sagte Robert.

Die Kinder waren still. Ein Lachen ist schon ein schöner Klang. Roberts Mutter konnte ganz laut lachen und wenn Robert einen Witz erzählte, dann lachte sie so laut, dass alle mitlachen mussten. Roberts Mutter sang gerade als Opernsängerin am Opernhaus in Stuttgart und war damit so erfolgreich, dass ihr Gastspiel noch verlängert worden war.

»Wann kommt denn deine Mutter wieder nach Hause?«, fragte Leoni.

»Bald«, sagte Robert, der nicht genau wusste, wann seine Mutter wieder nach Hause kommen würde, aber schon ungeduldig darauf wartete.

Plötzlich hörten sie Roberts Vater schreien.

»Was?«, schrie er in den Telefonhörer. »Das kann gar nicht sein.«

Sie hörten, wie Roberts Vater mit dem Handy die Treppe hinauflief und nach kurzem Anklopfen in das Schlafzimmer von Roberts Opa stürmte.

»So ein Gauner«, schrie Roberts Vater und sprach dann in das Handy: »Ich komme sofort und hole ihn.«

Irgendetwas war passiert. Robert riss sich das Stirnband von den Augen und lief mit Leoni ebenfalls die Treppe hoch zu Superopas Schlafzimmer.

»Opa steht mit seinem Rollstuhl auf dem Rosinenbrotweg und will ein Wettrennen machen«, rief Roberts Vater und schüttelte den Kopf.

Robert lauschte. Das konnte gar nicht sein, er hörte doch ganz deutlich Opas Schnarchen aus dessen Schlafzimmer. Sie liefen in das Zimmer und trauten ihren Ohren nicht. Auf Opas Nachttisch stand ein Kassettenrekorder, ein altes Aufnahmegerät, aus dem das Schnarchen zu hören war. So war das also.

»Immer wenn wir dachten, Opa ist zu Hause und hat sich zum Schlafen hingelegt«, flüsterte Robert, »dann hatte er seinen

Kassettenrekorder angestellt und darauf war sein Schnarchen zu hören.«

Robert stellte die Kassette mit den Schnarchgeräuschen aus und lachte: »Typisch Superopa, er hat uns alle hereingelegt.«

Leoni nickte, sie sah Roberts Vater wütend aus dem Haus laufen. Robert und Leoni liefen ihrem Vater hinterher. Alle wollten zum großen Superopa-Rollstuhlrennen.

Das Rollstuhlrennen

»Wumpta, Wumpta, Wumpta, Wumptabum«, spielte die Blaskapelle. Fröhlich zog sie an ihnen vorbei und Leoni und Robert liefen mit.

»Wo wollt ihr denn hin?«, fragte Leoni.

»Wir wollen zum großen Rollstuhlrennen«, sagte eine Frau und schlug dabei auf die Pauke.

»Rollstuhlrennen, typisch Superopa«, murmelte Robert aufgeregt, »er macht wieder irgendeinen Quatsch.«

Es war Dienstag, und dienstags wurde im Rosinenbrotweg immer der Müll abgeholt. Heute standen die grauen Tonnen und die gelben Tüten für den Plastikmüll auf dem Bürgersteig und alles war sehr eng. Direkt vor Herrn Demirs Gemüseladen stand Herr Ferdinand und hatte eine Fahne in der Hand. Seine vier Hühner liefen allen zwischen den Beinen herum und pickten irgendetwas vom Boden. Roberts Vater lief gerade über die Straße und sprach auf dem anderen Bürgersteig mit Roberts Opa. Da zu einem Rollstuhlrennen immer zwei gehören, schaute sich Leoni um, wer gegen Roberts Opa starten würde. Die Blaskapelle hatte sich auf dem Platz vor dem Gemüsemarkt aufgebaut und verstellte Leoni die Sicht. Der Rennverlauf war klar. Superopa wartete auf dem gegenüberliegenden Bürgersteig auf seinen Mitstreiter, der von dem Bürgersteig, auf dem Robert und Leoni standen, mitstarten sollte.

»Das kommt gar nicht infrage«, hörte man Roberts Vater schreien. Er stand direkt hinter Roberts Opa und hielt dessen Rollstuhl fest.

In diesem Augenblick teilte sich die Blaskapelle und durch die Mitte kam Herr Demir gefahren. Er saß in einem Rollstuhl und fuhr mit ihm stolz durch die Menge.

»Er meint, er ist schneller«, sagte Herr Demir grinsend, »nun muss er es beweisen.«

Roberts Vater hielt immer noch den Rollstuhl von Roberts Opa fest.

»Lass mich los!«, schrie Roberts Opa.

Roberts Vater ließ den Stuhl los, kniete sich hin und seufzte: »So ein Rennen ist viel zu anstrengend für dich. Komm mit nach Hause und sei brav.«

Inzwischen waren viele Menschen zusammengekommen und schauten neugierig dem Treiben zu. Die Blaskapelle spielte wieder einen Marsch und Herr Demir rollte stolz auf die Startposition.

»Kein Angst«, flüsterte Herr Demir Robert und Leoni zu, »ich fahre nicht schnell. Ich lasse Opa gewinnen.«

Leoni lachte. Als ob Superopa Hilfe brauchen würde, dachte sie.

Frau Demir kam aus dem Gemüseladen und trug ein Tablett, auf dem viele kleine Teetassen standen. Jeder, der einen Tee wollte,

konnte sich bedienen. Frau Demir drückte Roberts Vater, der immer noch vor dem Rollstuhl kniete und nun endlich aufstand, eine Tasse Tee in die Hand.

»Du fährst dich um Kopf und Kragen«, sagte er und schüttelte den Kopf.

»Keine Angst«, sagte Roberts Opa, »ich fahre nicht sehr schnell. Ich lasse Herrn Demir gewinnen.«

Roberts Vater schaute sich um. Alle blickten ihn erwartungsfroh an. Er nickte und sagte: »Also gut, aber pass auf dich auf.«

Das Rennen konnte beginnen.

Herr Ferdinand ergriff das Wort: »Der Start ist klar. Sobald ich mit der Fahne winke, beginnt das Rennen. Das Ziel ist direkt am *Rosinenbrotkrug*, wo uns Herr Bockwurst zu einem kleinen Umtrunk eingeladen hat.«

»Herr Senf«, flüsterte Leoni.

»Wer ist Herr Senf?«, flüsterte Herr Ferdinand zurück.

»Herr Bockwurst heißt Herr Senf«, flüsterte Leoni.

Herr Ferdinand verbesserte sich: »Ich meine natürlich nicht Herrn Bockwurst vom *Rosinenbrotkrug*, sondern Herrn Senf, er hat uns eingeladen. Ich vertue mich da immer.«

Herr Demir ging zu Roberts Opa auf die andere Bürgersteigseite, schüttelte ihm die Hände und setzte sich wieder in seinen Rollstuhl. Es war so weit. Herr Ferdinand hob die Fahne und schrie: »Auf die Plätze, fertig ...«

»Wuff«, bellte ein Hund und Herr Ferdinand winkte wild mit der Fahne hin und her. Roberts Opa und Herr Demir hatten verstanden und starteten. Roll und toll, holterdiepolter, ging es über Stock und

Stein, aber ganz langsam. Da Herr Demir Roberts Opa gewinnen lassen wollte und Roberts Opa Herrn Demir, fuhren beide so langsam, dass keiner schneller war als der andere.

»Was ist los, Herr Demir?«, schrie Roberts Opa. »Sie kriechen ja daher wie eine Schnecke.«

»Wer hier Schnecke?«, fragte Herr Demir. »Sie langsam wie Dampfwalze.«

Robert und Leoni schauten sich an und liefen hinter den Rollstühlen her. Beide Wettfahrer fuhren inzwischen so langsam, dass sie gar nicht mehr von der Stelle kamen. Die Kinder begannen sich zu langweilen. Ein Rennen hatten sie sich anders vorgestellt.

»Superopa, gib Gas!«, rief Leoni.

»Herr Demir, drücken Sie mal auf die Tube!«, rief Robert.

Superopa schaute Herrn Demir an, Herr Demir Superopa. Die Kinder hatten recht.

»Schluss mit lustig«, murmelte Superopa und Herr Demir rief: »Zeigen wir den Kindern, was wir können.«

Beide gaben Gas und fuhren wie die Wilden über die Bürgersteige. Das war gar nicht so einfach. Die Müllabfuhr war noch nicht gekommen und gelbe Plastiksäcke und graue Mülleimer standen im Weg. Zuerst umfuhren die beiden Rollstuhlmeister die Hindernisse wie bei einem Slalomrennen, aber das Vorwärtskommen war trotzdem schwer. Superopa musste an einem Hochhaus vorbeifahren, dessen Bürgersteig mit viel zu vielen Müllsäcken vollgestellt war. Hier kam sein Rollstuhl nicht vorbei. Superopa schaute zu Herrn Demir hinüber und rief: »Das ist Pech, Herr Demir, aber mein Pech. Sie haben gewonnen, ob Sie wollen oder nicht.«

Herr Demir stoppte seine Fahrt. Er hätte schnell als Sieger zum *Rosinenbrotkrug* fahren können, aber so machte ihm das Gewinnen keinen Spaß. Er fuhr zu Roberts Opa auf die andere Bürgersteigseite und sagte: »So möchte ich das nicht. Wir zusammenhalten.«

So fuhren sie nebeneinanderher und stellten die Müllsäcke links und rechts von sich weg. So entstand eine kleine Gasse, durch die sie bis zum *Rosinenbrotkrug* fahren konnten.

»Da ist Bockwurst«, sagte Herr Demir und zeigte auf den spindeldürren Wirt, der seine Gäste schon an der Eingangstür erwartete.

»Er heißt Senf«, flüsterte Roberts Opa.

»Wo ist Senf?«, fragte Herr Demir verwundert.

»Herr Bockwurst ist Herr Senf«, sagte Roberts Opa.

Beide lachten und fühlten sich wie Sieger. Leoni und Robert kamen angelaufen und stellten sich zu Herrn Senf in die Eingangstür.

»Habe ich dir denn heute ein Wunder zeigen können?«, fragte Leoni.

Robert zeigte auf Herrn Demir und seinen Superopa. Herr Demir war aus seinem geliehenen Rollstuhl ausgestiegen und half Roberts Opa die Treppe hinauf.

»Wenn zwei sich helfen, das ist schon ein Wunder«, sagte er und Leoni nickte.

Über der Eingangstür des *Rosinenbrotkruges* ging das Licht an. Es war Abend geworden.

Der stärkste Mann von Elsen

Leoni saß am Abendbrottisch und stocherte in ihrem Rührei herum. Ihr Vater saß auf seinem Platz und las Zeitung. Ihre Mutter stand am Herd und rührte die restlichen Rühreier um.

»Wenn du kein Rührei magst«, sagte Leonis Vater zu Leoni, »dann gib es mir.«

Leonis Mutter schüttelte den Kopf, stellte die Pfanne auf die Fernsehzeitung. »Lass dem Kind sein Essen«, sagte sie. »Du bist schon stark genug.«

Leoni seufzte. »Jeden Tag gibt es Rührei. Ich würde gerne mal was anderes essen.«

»Wenn man stark werden will, dann hilft dabei am besten Rührei«, schmatzte Leonis Vater mit vollem Mund. »Und man spricht nicht mit vollem Mund«, sagte er schnell noch und schluckte das Rührei hinunter.

Leonis Mutter lachte. Leoni dachte an Robert und dass er das Lachen seiner Mutter vermisste.

»Nur weil ich Rühreier esse, bin ich so stark geworden«, sagte Leonis Vater. »Ich bin sogar so stark geworden, dass ich einen Elefanten hochheben kann.«

»Kannst du nicht«, sagte Leonis Mutter. »Keinen Elefanten.«

Leonis Vater dachte nach. »Es gibt auch kleine Elefanten«, sagte er.

Leonis Mutter lachte. »Du kannst weder einen kleinen noch einen großen Elefanten hochheben«, sagte sie.

Leonis Eltern schauten sich an. Ihr Vater hob seine Arme und spannte seine Muskeln an. Zwei Riesenberge kamen aus seinen

Oberarmen und verschwanden erst wieder, als er seine Muskeln nicht mehr anspannte. Leonis Vater schaute auf die Uhr und sagte: »Wenn es darauf ankommt, dann kann ich sogar eine ganze Elefantenherde hochheben und einen Fernseher.«

»Kannst du nicht«, sagte Leonis Mutter, »keine Elefantenherde und keinen Fernseher.«

Leoni schaute ihren Vater und ihre Mutter an. Die beiden stritten sich nicht. Die beiden waren nur albern und machten wie immer Quatsch.

»Sollen wir wetten?«, fragte Leonis Vater und schaute auf seine Armbanduhr.

»Um was?«, fragte Leonis Mutter.

Leonis Vater dachte nach. »Wir wetten darum, wer heute spülen muss«, sagte Leonis Vater und stand auf.

Leonis Mutter dachte nach. »Abgemacht«, sagte sie. »Ich behaupte, dass du keine Elefantenherde hochheben kannst, geschweige denn auch noch einen Fernseher.«

Leonis Eltern gaben sich die Hand. Leoni musste Zeuge sein, damit bei der Wette alles mit rechten Dingen zuging.

»Es gilt«, sagte Leoni. »Nun muss Papa zeigen, dass er eine Elefantenherde und einen Fernseher tragen kann.«

Leonis Vater schaute wieder auf die Uhr. Er ging zu dem kleinen Fernseher, der in der Küche stand. Er hatte vorher in der Fernsehzeitung gelesen, dass genau um diese Zeit dort eine Tiersendung gezeigt wurde. Die Sendung sollte vom Leben der Elefanten handeln. Leonis Vater stellte den Fernseher an. Tatsächlich sahen sie über den Minibildschirm eine Elefantenherde rasen. Leonis Vater lachte und sagte: »Nun werde ich beweisen, dass ich so stark bin, dass ich eine Elefantenherde und einen Fernseher hochheben kann.«

»Buhhh«, rief Leonis Mutter, die schon ahnte, was Leonis Vater vorhatte. Er hielt einfach den kleinen Fernseher mit der Elefantenherde hoch über sich und hatte damit die Wette gewonnen. Er hatte eine Elefantenherde und einen Fernseher hochgehoben und brauchte heute nicht zu spülen. Leoni klatschte in die Hände, ihre Mutter gab ihrem Vater einen Kuss. Leonis Vater war nicht nur stark, sondern auch ganz schön clever.

»Also gut«, sagte Leonis Mutter, »du hast die Wette gewonnen und brauchst nicht zu spülen, aber vom Abtrocknen wurde nichts gesagt.«

Leonis Eltern mussten beide lachen und gaben sich einen Kuss. Schmatz!

Der Tausch

Es klingelte an der Tür. Leoni lief zur Tür und öffnete sie. Robert stand mit einem Rucksack davor und zog die Nase hoch. Roberts Vater hatte Robert erlaubt, heute bei Leoni zu schlafen, aber nur, wenn er am nächsten Tag fleißig Klavier üben würde. Leoni lag in ihrem Bett. Genau daneben hatte ihr Vater eine große Matratze hingelegt, auf der nun Robert mit seinem Schmusepiratenbär lag. Leonis Mutter hatte den Kindern »Gute Nacht« gesagt und war dann summend aus dem Zimmer gegangen. Der Mond schien ins Zimmer und beleuchtete die Gesichter der Kinder.

»Stimmt es, dass Herr Bockwurst kein Fleisch mag?«, fragte Robert.

»Er heißt Senf, aber sonst stimmt es«, sagte Leoni.

»Wenn ich Bockwurst heißen würde, dann würde ich auch kein Fleisch mögen«, sagte Robert.

»Er heißt aber nicht Bockwurst, sondern Senf«, sagte Leoni.

Robert drehte sich zu Leoni und sagte: »Wenn ich ein Mädchen geworden wäre, dann würde ich Roberta heißen.«

Leoni dachte nach: »Und ich würde sicher Leo heißen, wenn ich ein Junge geworden wäre.«

»Da haben wir aber noch einmal Glück gehabt«, sagten Robert und Leoni gleichzeitig.

»Wenn du an meiner Stelle ein Junge geworden wärst, dann müsstest du Klavier spielen lernen und würdest immer nur umziehen«, sagte Robert.

»Wenn du an meiner Stelle ein Mädchen geworden wärst, dann müsstest du täglich Rühreier essen und dein Papa würde dich immer hochheben«, sagte Leoni.

»Da haben wir aber noch einmal Glück gehabt«, sagten Robert und Leoni gleichzeitig.

Leoni hatte eine Idee.

»Wir können ja wenigstens für heute Abend tauschen«, sagte sie, »dann bin ich Robert und du bist Leoni.«

Robert lachte und legte sich in Leonis Bett und Leoni legte sich in Roberts Bett.

»Jetzt bist du ich und ich bin du«, sagte Leoni. Sie dachte nach: »Wenn du ich bist, dann musst du aber jetzt auch beten.«

Robert verdrehte die Augen. »Beten, wie geht das denn?«

Leoni faltete ihre Hände und schloss die Augen. »Beten ist ganz einfach«, sagte sie, »wenn du etwas auf dem Herzen hast, dann sprich mit Gott. Er hört dir zu.«

»Immer?«, fragte Robert erstaunt.

Leoni nickte.

Robert schloss die Augen, faltete die Hände und betete.

»Was hast du denn gebetet?«, fragte Leoni neugierig.

Robert tat so, als würde er schlafen.

»Sag schon«, sagte Leoni. »Ich bin ja jetzt Robert und ärgere dich sonst die ganze Zeit.«

Robert sprach mit verstellter Stimme, als wäre er Leoni. »Ich habe Gott nur erzählt, was es für ein schöner Tag war und dass Herr Bockwurst einen lustigen Namen hat.«

Leoni lachte: »Der heißt nicht Bockwurst, sondern Senf, aber das ist auch ein lustiger Name.«

»Und was hast du Gott erzählt?«, wollte Robert wissen.

Leoni tat so, als wäre sie Robert, und verstellte ihre Stimme. »Ich habe ihm erzählt, dass ich meine Mama sehr vermisse und dass mir das Klavierspielen so wenig Spaß macht.«

Robert nickte, dann schliefen beide Kinder ein. Leoni auf Roberts Matratze und Robert auf Leonis Matratze.

Kapitän Holunder

»Hallo, ich bin's«, sagte Kapitän Holunder und kitzelte Robert mit einer Möwenfeder an der Nase.

Robert musste niesen. »Hatschi!«

»Sie müssen Kapitän Holunder sein«, flüsterte Robert, »lassen Sie mich schlafen! Ich bin müde.«

Kapitän Holunder lachte: »Du bist doch am Schlafen. Du träumst nur gerade von mir und freust dich, mich zu sehen.«

Robert streckte sich im Traum und rieb sich den Schlaf aus den Augen. »Von wegen. Ich freue mich überhaupt nicht, dich zu sehen«, sagte Robert. »Ich habe gerade schön geträumt und dann kommst du vorbei und störst.«

Kapitän Holunder lachte und schob Robert in das Ruderboot. »Sei nicht undankbar«, sagte er, »immerhin habe ich dir mein Buch ›271 Methoden ein Klavier verschwinden zu lassen‹ gegeben und dass Piraten Geschenke machen ist doch sehr nett, oder?«

An den Rudern saß der Matrose Piek. Lautlos glitten sie über das

Wasser. Robert schaute sich um. Alles war so, wie Leoni erzählt hatte. Er zog die Nase hoch und schaute in den Sternenhimmel. Wie schön die Sterne funkelten. Bald hatten sie das Piratenschiff erreicht. Was hatte Kapitän Holunder nur mit ihm vor? Robert kletterte die Strickleiter hoch. Matteng, die wilde Cordula und Schlotterheinz erwarteten ihn mit einem Strauß Blumen.

»Willkommen an Bord«, riefen sie und drückten ihm die Blumen in die Hand.

Robert zog die Nase hoch. Er war überrascht. Seit wann begrüßten denn Piraten ihre Gäste mit Blumen?

Der Matrose Piek stand hinter ihm und zog gerade Kapitän Holunder an Bord. »Wir sind so nett, weil wir alle in den Himmel kommen wollen!«, rief er.

»Genau«, rief Kapitän Holunder, »wir wollen dort sein, wo Reichtümer auf uns warten, und die bekommt man nur, wenn man freundlich ist und hilfsbereit.«

Robert hatte verstanden. Die Piraten dachten, dass es sich bei diesen himmlischen Reichtümern um Gold und Geld handeln würde. Man konnte doch auch reich vor Freude sein und reich vor Glück. Robert sollte es recht sein, solange die Piraten auch zu ihm freundlich und hilfsbereit waren. Kapitän Holunder kam aus seiner Kajüte gelaufen und trug einen kleinen schwarzen Kasten im Arm.

»Was ist denn das?«, fragte Robert.

Kapitän Holunder streichelte den kleinen schwarzen Kasten und drückte lächelnd einen Knopf. Robert verzog das Gesicht. Klaviertöne waren zu hören. Jemand spielte die Tonleiter rauf und runter, als würde er üben.

»Das bin ja ich«, rief Robert aus. »Woher habt ihr mein Klaviergedudel?«

Kapitän Holunder lachte. Piek, Matteng, die wilde Cordula und Schlotterheinz lachten mit.

»Wir sind Piraten«, sagte Kapitän Holunder und zwirbelte seinen schwarzen Schnurrbart, »hast du das vergessen?«

Robert hatte es nicht vergessen. Er erkannte nun auch den schwarzen Kasten. Es war der Kassettenrekorder seines Opas. Die Piraten mussten ihn geklaut haben. So kam man bestimmt nicht in den Himmel. Bevor Robert schimpfen konnte, schnitt Kapitän Holunder ihm das Wort ab.

»Wir wollen dir nur helfen«, sagte er. »Mithilfe dieser Klaviermusik brauchst du nie mehr Klavier zu üben.«

Robert verstand erst nicht, was der Pirat meinte, bis ihm ein Licht aufging. Natürlich, hatte sein Opa nicht auch mithilfe seiner Schnarchkassette allen vorgegaukelt, er wäre zu Hause und würde schlafen?

»Verstehe«, sagte Robert, »immer, wenn ich den Kassettenrekorder anstelle und mein Vater die Klaviermusik hört, denkt er, ich übe.«

»Genau«, sagte Kapitän Holunder, »er hört die Tonleiter rauf und runter gespielt und denkt, du bist das, der sich die Finger wund übt.«

»Dein Vater hört aus dem Kassettenrekorder die Klaviermusik und denkt, du bist am Üben«, schrien noch einmal die Piraten.

Robert lachte. Der Plan war wirklich genial. »Und in Wirklichkeit«, flüsterte er, »bin ich mit Leoni Wunder suchen.«

»Und hilfst uns, ins Himmelreich zu gelangen«, sagte Kapitän Holunder.

Kapitän Holunder drückte Robert den Kassettenrekorder in die Hand.

»Danke«, sagte Robert, »ich denke, weil ihr mir geholfen und den geklauten Kassettenrekorder wieder zurückgegeben habt, seid ihr eurem Ziele schon wieder näher gekommen.«

Kapitän Holunder und seine Piraten lachten. Sie freuten sich so, dass sie sich wirklich schon wie im Himmel fühlten.

»Die Freude macht mich schon reich«, sagte Kapitän Holunder und war damit der Wahrheit schon sehr nahe gekommen.

Robert spürte, wie es hell wurde. Er konnte gerade noch allen zum Abschied winken, da wurde er wach.

Superopas Kassettenrekorder

Robert musste Klavier üben. Schlecht gelaunt ging er in das Geräuschehaus.

Heute werden die Klaviergeräusche mal nicht von mir gemacht, nahm er sich vor. Er hatte den Kassettenrekorder dabei. Er wollte ausprobieren, ob der Plan von Kapitän Holunder wirklich klappte. Laut pfeifend verschwand er im Klavierzimmer. Dort spulte er die Musikkassette auf den Anfang und stellte den Apparat an. Sofort konnte man die Tonleiter rauf und runter hören. Er stellte die Musik so laut, dass man dachte, sie käme tatsächlich aus dem Klavier.

»Robert, bist du das?«, fragte Roberts Vater. »Übst du Klavier?« Er war im Keller und versuchte die Heizung zu reparieren.

»Wer soll es denn sonst sein?«, rief Superopa aus seinem Zimmer, in dem er saß und fernsah.

Robert freute sich. Der Plan schien zu klappen, alle dachten, er säße am Klavier und wäre fleißig. Er durfte den Rekorder nur nicht zu lange laufen lassen. Das würde auch auffallen. Nachher wollte Leoni kommen, da konnten sie zusammen Wunder suchen gehen, während im Klavierzimmer der Kassettenrekorder dafür sorgen würde, dass alle dachten, er wäre dort und übte.

»Kann ich mir eben ein Butterbrot machen?«, rief Robert.

»Natürlich kannst du dir ein Butterbrot machen«, rief Superopa aus seinem Zimmer.

»Aber nicht mit Nutella!«, rief Roberts Vater aus dem Keller. »Das ist ungesund.«

Robert stellte den Kassettenrekorder aus und ging in die Küche und schmierte sich ein Brot mit Käse. Superopa kam dazu und sagte: »Schmier dir noch Marmelade drauf, dann schmeckt es noch mal so gut.«

Robert probierte es aus. Tatsächlich, ein Käsebrot mit Marmelade schmeckte wirklich ausgezeichnet. Opa setzte sich seufzend von seinem Rollstuhl auf einen Küchenstuhl. »Das Rollstuhlrennen hat mich angestrengt. Ich fühle mich so müde.«

Robert stand auf. »Ruh dich einfach mal aus«, sagte er schmatzend. Dann ging er wieder in das Klavierzimmer und stellte den Kassettenrekorder an. Alle dachten wieder, er würde üben.

»Praktisch«, murmelte Robert. »So kann ich gleichzeitig Klavier üben und ein Brot essen.«

Im Flur klingelte das Telefon. Robert lief in den Flur und ging ran. »Hier ist Robert«, sagte er und wischte seine linke Hand an der Hose ab.

»Robert«, sagte eine Stimme am anderen Ende der Leitung. Es war seine Mutter.

»Mama«, freute sich Robert, »du hast mir so gefehlt.«

»Du hast mir auch gefehlt«, sagte Roberts Mutter und schickte einen Kuss durch das Telefon.

»Wann kommst du denn wieder?«, fragte Robert.

»Ich komme am Wochenende«, sagte Roberts Mutter, »und dann bleibe ich ganz lange bei dir.«

Robert drückte den Hörer ganz fest an sein Ohr, damit er ganz sicher war, dass er nicht träumte. Sein Wunsch war in Erfüllung gegangen. Alles war wie ein Wunder.

»Was höre ich denn da im Hintergrund?«, fragte die Mutter.

Der Kassettenrekorder. Robert hatte vergessen, den Kassettenrekorder auszumachen und jetzt dudelte seine Tonleitermusik rauf und runter.

»Das bin ich«, sagte Robert, dem auf die Schnelle nichts Besseres einfiel.

Die Mutter lachte. »Wie kannst du denn gleichzeitig mit mir telefonieren und Klavier üben?«, fragte sie.

Robert überlegte: »Vielleicht ist das ein Wunder?«

Roberts Mutter lachte. In dem Augenblick kam Roberts Vater aus dem Keller. Er war ganz staubig und hatte schlechte Laune. Wahrscheinlich hatte er die Heizung nicht reparieren können. Roberts Vater schaute auf Robert und lauschte dann den Tönen der Klaviermusik und verstand die Welt nicht mehr.

»Wie kann es sein«, fragte er, »dass du hier vor mir stehst und ich dich gleichzeitig Klavier spielen höre?«

Robert hielt seinem Vater den Hörer entgegen und sagte: »Das fragt sich Mama auch schon.«

In dem Augenblick kam Superopa aus dem Klavierzimmer gefahren und hatte den Kassettenrekorder auf dem Schoß.

»Hier ist das Teil«, sagte er. »Und ich suche ihn schon den ganzen Tag.«

Roberts Vater hatte verstanden. Er schüttelte den Kopf.

»Robert«, sagte er. »Ich denke, wir müssen miteinander reden.«

Roberts Vater sprach in den Telefonhörer, dass er später zurückrufen würde, und schaute Robert streng an.

»Mama kommt am Wochenende und will ganz lange bleiben«, sagte Robert.

»Lenk nicht ab«, sagte Roberts Vater.

Robert zog die Nase hoch und wusste nichts, was er sagen sollte. Superopa fuhr immer noch mit der Tonleitermusik den Flur auf und ab.

»Jetzt mach mal die Musik aus«, sagte Roberts Vater und Superopa stellte die Musik aus.

»Es tut mir leid«, sagte Robert endlich. »Ich hab halt keine Lust gehabt, Klavier zu üben.«

Roberts Vater schüttelte den Kopf.

»Hör mal zu, mein Junge«, sagte er schließlich. »Du musst dich entscheiden. Du hast Talent. Du bist begabt. Wenn du wolltest, könntest du Klavier spielen wie ein König. Du musst nur dafür etwas tun.«

Robert schaute auf den Boden und wusste nicht, was er sagen sollte.

»Ich möchte«, sagte schließlich sein Vater, »dass du eine Entscheidung triffst. Ich möchte von dir hören, ob du Klavier spielen willst oder nicht.«

»Es macht keinen Spaß«, sagte Robert.

»Bitte?«, fragte Roberts Vater, der glaubte, nicht richtig verstanden zu haben.

Robert zog die Nase hoch.

»So, wie wir üben«, sagte er noch mal, »macht es mir keinen Spaß.«

Roberts Vater schüttelte den Kopf.

»Warum soll Klavier spielen Spaß machen?«, sagte er. »Übung macht den Meister.«

Robert schaute wieder auf den Boden. Sein Vater ging nach oben, um sich umzuziehen. Bevor er im Badezimmer verschwand, rief er noch nach unten: »Überleg dir das. Ich möchte von dir hören, was du vorhast.«

Robert nickte. Er wollte sich alles genau überlegen. Dann lachte er. Plötzlich hatte er eine gute Idee. Am Wochenende würde seine Mutter nach Hause kommen, dann wollte er allen sagen, was er vorhatte.

Der Frosch-Stempel

Leoni hatte einen Frosch-Stempel. Es war ein Stempel mit einem Griff, der aussah wie ein Frosch. Manchmal setzte sie ihn auf ein grünes Stempelkissen und ließ ihn dann von Blatt zu Blatt springen, dann stempelte er überall einen Frosch hin.

Manchmal kam ihr Vater dazu und sagte: »Heute scheint der Frosch-Stempel ganz wild zu sein.« Dann nahm er immer den Frosch-Stempel vom Stempelkissen und schrie: »Oh, es geht los. Ich kann ihn nicht mehr halten.«

Leonis Vater tat so, als würde der Frosch-Stempel von selbst springen wollen und wäre so wild, dass man ihn dabei nicht festhalten konnte. Leoni lachte. Hop und hep sprang der Frosch-Stempel, wie ein richtiger Frosch von Blatt zu Blatt und stempelte alles voll, was in ihrer Nähe lag.

»Er hüpft immer weiter«, schrie Leonis Vater, »ich kann ihn nicht bändigen!«

Leoni lachte. Der Frosch-Stempel bestempelte fix einen zufällig

herumliegenden Brief und eine Postkarte. Dann sprang er von der Postkarte und bestempelte Leonis Hand.

»Quak«, machte Leonis Vater und der Frosch-Stempel hüpfte weiter. Überall hinterließ er seinen grünen Frosch und war nicht zu bremsen. Leonis Vater versuchte den Frosch-Stempel zu stoppen, aber alles war umsonst.

Wild bestempelte er noch Quak und Quak ein Löschblatt und einen neuen Briefumschlag. Dann sprang er auf ein Foto, danach auf ein Bonbonpapier und schließlich auf einen Fünfeuroschein. Überall hinterließ er seinen grünen Froschabdruck. Quak, Quak, Quak! Als der Frosch-Stempel sich endlich ausgetobt hatte, konnte man gut sehen, wo er überall gewesen war. Überall war nämlich der kleine grüne Frosch zu entdecken und grinste frech in die Runde.

»Typisch Frosch-Stempel«, lachte Leoni und steckte ihn schnell in eine Schublade, wo er keinen Quatsch mehr machen konnte.

Wundertüten

Leoni hatte von Herrn Demir vier Papiertüten geschenkt bekommen.

Herrn Demir gehörte der Gemüseladen neben dem Supermarkt. Er hatte Plastiktüten bestellt und eine Lieferung Papiertüten bekommen.

»Probier mal die Papiertüten aus«, hatte Herr Demir zu Leoni gesagt. »Vielleicht behalte ich die Papiertüten und bestelle die Plastiktüten wieder ab.«

Die Papiertüten sahen ganz zart aus und wenn man sie gegen die Sonne hielt, leuchteten sie geheimnisvoll, als säße ein Licht in ihnen.

»Tüten sind gut«, sagte Herr Demir, »man kann etwas hineinpacken und schon ist es weg.«

Herr Demir hatte recht. Man tat in die Tüte etwas hinein und es war verschwunden und tat man es wieder heraus, sah man es und freute sich.

»Aus den Tüten kann man Wundertüten basteln«, sagte Leoni.

»Stimmt«, sagte Herr Demir und füllte eine von Leonis Tüten

mit Pflaumen. »Und das ist eine Pflaumenwundertüte«, sagte Herr Demir zum Abschied.

Leoni bedankte sich und lief mit den Tüten den Rosinenbrotweg hinunter zu Robert. Robert saß im Rollstuhl seines Opas und wartete auf sie.

»Opa ist im Krankenhaus«, sagte Robert traurig. »Ihm wurde plötzlich schwindelig und Papa hat einen Krankenwagen geholt.«

»Das tut mir leid«, sagte Leoni leise und hielt Robert die Tüte mit den Pflaumen hin.

Robert nahm sich eine Pflaume und steckte sie in den Mund.

»Es geht ihm schon wieder besser«, sagte Robert und spuckte den Stein aus. »Papa hat gerade vom Krankenhaus angerufen.«

»Ist halt ein Superopa«, sagte Leoni und streckte Robert die Tüte wieder hin. Robert holte eine Pflaume aus der Tüte und aß sie auf.

»Ich hatte aber echt Angst«, sagte er, »dass es etwas Schlimmes ist.«

Robert spuckte den Stein aus und fuhr mit dem Rollstuhl auf Leoni zu. Diese zeigte Robert die anderen Tüten und sagte: »Vielleicht können wir für Superopa ganz viele Wundertüten basteln.«

Robert verstand nur Wundertüten und fuhr ratlos um Leoni herum.

»Du kennst keine Wundertüten?«, fragte sie erstaunt. »Wundertüten gibt es doch in jedem Supermarkt.«

Robert schaute immer noch ratlos.

»Man kauft dort eine Wundertüte«, erklärte Leoni weiter, »und wenn man sie öffnet, findet man darin ein Wunder und freut sich.«

Robert hatte verstanden. Ein Wunder war eine Überraschung. Eine Wundertüte war eine Überraschungstüte, und damit eine Wunder-

tüte auch aussah wie eine Wundertüte, wollten sie sie bunt anmalen. Leoni holte ihre Buntstifte und sie legten los.

Sie hatten gerade die Wundertüten mit Herzen und Regenbögen geschmückt, als Roberts Vater zum Geräuschehaus kam. Er zog die Nase hoch und kam zu den Kindern.

»Das Krankenhaus hat noch mal angerufen. Opa geht es schon viel besser«, sagte er erleichtert. »Ein Glück, dass es hier im Rosinenbrotweg ein Krankenhaus gibt. Wenn ihr wollt, könnt ihr ihn besuchen.«

Robert stieg aus dem Rollstuhl und zeigte seinem Vater die vier bemalten Tüten, die sie Superopa mitbringen wollten.

»Opa muss noch vier Tage im Krankenhaus bleiben«, sagte Roberts Vater.

»Das passt ja«, sagte Leoni. »Wir bringen ihm vier Wundertüten, dann hat er jeden Tag etwas, worauf er sich freuen kann.«

Roberts Vater lächelte und hielt die wunderschönen Wundertüten gegen die Sonne. Ein Windhauch erfasste eine und nahm sie ein Stück mit.

»Die Wundertüte hat es aber mächtig eilig«, sagte Roberts Vater.

Die Kinder nickten und liefen der Wundertüte hinterher.

Superopa ist krank

Roberts Opa lag im vierten Stock in einem Dreibettzimmer. Neben ihm lag ein Mann, der dauernd hustete, und daneben lag ein Mann, der immer aus dem Fenster schaute.

Ein dicker Arzt, Doktor Biber, stand vor Roberts Opa und leckte sich mit der Zunge die Lippen.

»Ich vermisse den Duft von Blumen und fühle mich allein«, sagte Roberts Opa.

Der dicke Arzt, Doktor Biber, leckte sich wieder mit der Zunge die Lippen. Er dachte an sein Marmeladenbutterbrot, das noch im Schwesternzimmer lag.

»Ich fühle mich manchmal leicht und manchmal schwer«, sagte Roberts Opa und pustete Doktor Biber ins Gesicht.

»Hören Sie mir überhaupt zu?«, fragte Roberts Opa, aber weil Doktor Biber sich die ganze Zeit nur die Lippen geleckt hatte, wusste der gar nicht, was er sagen sollte.

Doktor Biber räusperte sich und schaute hungrig auf Superopas

Butterbrote. Superopa war gerade etwas zum Essen gebracht worden, als Doktor Biber ins Zimmer kam und seine Visite begann. Der
Bauch des Arztes knurrte wie ein hungriger Löwe.

»Soll ich Ihnen ein Butterbrot schmieren?«, fragte Roberts Opa und
begann schon ein Brot mit Käse zu belegen, ohne die Antwort des
Arztes abzuwarten.

»Ich esse gerne Marmeladenbutterbrote«, sagte Doktor Biber.

Superopa lächelte und schmierte auf das Käsebrot noch Erdbeer-
marmelade.

»Das müssen Sie probieren«, sagte Superopa, »gerade wenn man

Marmeladenbutterbrote mag, dann sollte man es mal probieren mit einer Käseunterlage.«

Hungrig biss Doktor Biber in das Marmeladenkäsebrot und ließ dabei ein überraschtes »Mhm« verlauten, weil es so lecker war.

»Entschuldigen Sie, wenn ich ein wenig unaufmerksam war«, sagte er mit vollem Mund, »aber ich habe mein Marmeladenbrot im Schwesternzimmer liegen lassen und war so traurig. Nun geht es mir besser.«

»Das ist ja schön«, sagte Roberts Opa, »dass es wenigstens einem hier im Zimmer besser geht.«

Die drei kranken Männer im Zimmer lachten, dann fing der Mann neben Roberts Opa wieder an zu husten und der, der neben dem Fenster lag, schaute hinaus.

»Ich vermisse den Duft von Blumen und fühle mich allein«, sagte Roberts Opa noch einmal.

Doktor Biber hatte das Gefühl, dies schon mal gehört zu haben, und nahm den Arm von Roberts Opa und fühlte den Puls.

»Das wird schon wieder«, murmelte der dicke Arzt und schob sich an zwei Rollstühlen vorbei zur Tür.

»Sie sollten Sport treiben«, sagte Superopa, »sonst werden Sie noch krank. Sie sollten mehr schlafen und Urlaub machen auf einem Schiff.«

Doktor Biber lächelte und ging aus der Tür.

Und manchmal fühle ich mich leicht und manchmal fühle ich mich schwer, dachte Superopa. Oh, lieber Gott, lass mich gut schlafen.

Dann schlief er ein.

Superopas Traum

»Hallo, ich bin's«, sagte Kapitän Holunder und kitzelte Superopa mit einer Möwenfeder an der Nase.

Roberts Opa musste niesen, wurde aber nicht wach. »Hatschi!«

»Wer bist du denn?«, fragte er, »lass mich schlafen. Ich bin müde.«

Kapitän Holunder lachte: »Du bist doch am Schlafen. Du träumst nur gerade von mir und freust dich, mich zu sehen.«

Roberts Opa streckte sich im Traum und rieb sich den Schlaf aus den Augen.

»Ich will wissen, wer du bist«, sagte er, »sonst verschwinde aus meinem Traum.«

Kapitän Holunder lachte: »Du kennst mich nicht? Ich bin doch Kapitän Holunder. Von mir träumen alle großen und kleinen Kinder und nun auch du.«

Der Pirat nahm Roberts Opa huckepack und trug ihn in sein Ruderboot.

»Pass auf«, flüsterte Superopa dem Piraten zu, »mir wird leicht schwindelig.«

Der Kapitän lachte und gab seinem Matrosen Piek ein Zeichen, der ganz vorsichtig die Ruder zu Wasser ließ und zum Piratenschiff ruderte. Piek, Matteng, die wilde Cordula und Schlotterheinz hatten einen Korb gebastelt, mit dem sie Roberts Opa wie in einem Aufzug an Bord ziehen konnten.

»Fühl dich auf meinem Schiff wie zu Hause«, sagte Kapitän Holunder und schenkte Roberts Opa Holundersaft ein.

»Was soll ich hier?«, fragte Roberts Opa. »Ich bin alt und möchte von etwas anderem träumen als von Piraten und Holundersaft.«

Piek, Matteng, die wilde Cordula und Schlotterheinz hielten Roberts Opa ein schwarzes Buch entgegen, auf dem »Bibel« stand.

»Was soll ich denn damit?«, fragte Superopa.

Piek, Matteng, die wilde Cordula und Schlotterheinz schauten Kapitän Holunder an.

»Nun fragt ihn schon, ihr Bangebuxen«, schrie Kapitän Holunder, nahm das schwarze Buch und drückte es Roberts Opa in die Hand.

»Wir wollen wissen, ob man im Himmelreich wirklich reich wird«, schrie die Piratenbande.

Superopa seufzte: »Woher soll ich denn das wissen?«

Matteng trat vor, rieb sich die Nase und sagte: »Sie sind alt. Sie haben sich sicher schon viele Gedanken um das Himmelreich gemacht.«

Superopa trank einen Schluck Holundersaft und schüttelte sich.

»Raus mit der Sprache«, sagte er, »was kümmert euch Halunken das Himmelreich?«

Matteng wollte etwas sagen, aber Kapitän Holunder schnitt ihm

das Wort ab und schrie: »Wir wollen in den Himmel kommen, weil wir von ungeheuren Reichtümern hörten, die dort auf uns warten!«

Superopa klatschte in die Hände: »Bravo, das nenne ich deutliche Worte machen.«

Matteng nahm seinen ganzen Mut zusammen und sagte: »Leoni sagte, wir sollen unser ganzes Diebesgut zurückgeben und nur noch Gutes tun.«

»Wir wollten fragen«, sagte Kapitän Holunder, »ob es nicht eine bequemere Möglichkeit gibt, in den Himmel zu kommen.«

Superopa schaute von einem Piraten zum anderen, murmelte dabei: »Also, schnell soll es gehen.« Schließlich sagte er: »Schauen wir mal nach, welche Tipps die Bibel gibt.«

»Welche Tipps die Zwiebel gibt?«, fragte Schlotterheinz verwirrt.

»Nein, du Dösbaddel«, schrie Kapitän Holunder. »Wir reden von der Bibel, du Zwiebel.«

Superopa schüttelte den Kopf, blätterte in dem Buch herum und las schließlich vor: »Wenn ihr nicht werdet wie die Kinder, ist euer nicht das Himmelreich.«

Die Piraten staunten. »Wir brauchen nur wie die Kinder zu werden?«, riefen sie. »Nichts einfacher als das.«

Die wilde Cordula spielte mit Matteng Verstecken. Schlotterheinz bohrte in der Nase und Piek schlüpfte in einen Sack und hüpfte damit singend auf dem Schiff herum. Alles war einfach und unschuldig.

Kapitän Holunder kroch sogar auf allen vieren herum und brabbelte dabei: »Deitideiti, Ohrenschmalz.«

Alle Piraten wurden wieder zu Kindern und vergaßen vor lauter Spaß, dass sie eigentlich Gold und Silber entdecken wollten.

Superopa schaute den glücklichen Piraten verwundert zu und murmelte: »Ihr Halunken werdet es kaum glauben, aber im Augenblick seid ihr genau im Himmel.«

Plötzlich klopfte es an den Korb, in dem Superopa immer noch saß. Obwohl das Klopfen nicht laut war, wusste er doch, dass es für ihn war. Jemand hatte an eine Tür geklopft und bewegte gerade den Türgriff. Superopa öffnete die Augen und war wach.

Wundertüten im Krankenhaus

Eine Krankenschwester schaute durch die Tür und rief: »Sie haben Besuch bekommen.«

Leoni und Robert traten ins Zimmer. Roberts Opa rieb sich die Augen und winkte die beiden zu sich. Der Mann neben ihm hustete, der andere Zimmernachbar blickte kurz zu ihnen und schaute dann wieder aus dem Fenster.

»Kommt nur näher«, sagte Roberts Opa. »Hier beißt niemand, wir sind nur krank und langweilen uns.«

Robert trat an das Krankenbett und gab seinem Opa einen Kuss.

»Dann kommen wir ja genau richtig«, sagte er. »Wir haben dir was mitgebracht.«

Robert und Leoni hatten es zum Krankenhaus nicht weit. Am Ende des Rosinenbrotweges, genau dort, wo die Straße den kleinen Hügel hinaufführte, stand das Krankenhaus. Es war ein großes Haus mit ganz vielen Fenstern, auf dessen Dach sogar ein Hubschrauber landen konnte. Auf dem Weg dorthin hatten die Kinder ihre vier Wundertüten mit allem gefüllt, was ihnen an Wundern in die Quere kam. Superopa würde sich bestimmt darüber wundern. Voller Stolz hielt Leoni die Tüten hoch. Sie waren nicht nur schön bemalt, sondern auch prall gefüllt.

»Das ist ja eine Überraschung«, sagte Superopa gerührt und legte die Geschenke auf das Nachttischchen.

»Das sind Wundertüten«, sagte Leoni. »Wir haben jede für dich mit einem Wunder gefüllt, damit die Freude dich wieder gesund macht.«

Superopa freute sich schon jetzt, obwohl er noch keine der vier Tüten geöffnet hatte.

»Du darfst jeden Tag, an dem du hier im Krankenhaus bist, eine Tüte aufmachen«, sagte Leoni.

Robert nickte.

»Eine der Tüten darfst du gleich aufmachen«, sagte er und zeigte auf die Tüte, die so prall aussah wie ein Luftballon. Die beiden anderen Männer im Krankenzimmer schauten neugierig zu Superopa. Dieser nahm die Tüte, die so aussah wie ein Luftballon, und wedelte damit hin und her.

»Die Tüte ist so leicht, dass sie fliegen kann«, murmelte Superopa. Er klatschte in die Hände.

Die Kinder nickten. Superopa öffnete die unscheinbare Tüte. Die Tüte schien leer zu sein, oder? Plötzlich hatte Superopa eine Idee und drückte so auf die Tüte, dass die Luft darin ihm entgegenkam. Er roch.

»Luft«, sagte er. »In der Tüte ist Luft vom Rosinenbrotweg.« Superopa lächelte. »Wenn ich mich schwer fühle wie ein Stein«, sagte er, »dann rieche ich einfach an dieser Tüte und fühle mich wieder leicht.«

»Die erste Wundertüte haben wir mit Luft vom Rosinenbrotweg gefüllt«, sagte Robert, »du kannst dich schon jetzt darauf freuen, was in den anderen Tüten ist.«

Superopa freute sich so, dass er beiden Kindern einen Kuss gab. In diesem Augenblick schaute wieder die Krankenschwester durch die Tür und rief: »Es ist Ende der Besuchszeit. Euer Opa muss nun schlafen.«

Leoni und Robert gingen nach Hause. Der Abend begann.

Die zweite Wundertüte

Am nächsten Morgen wurde Superopa wach und öffnete die zweite Wundertüte. Die Tüte war schwer und man musste sie vorsichtig hochheben. Superopa hatte Angst, sie könnte reißen. Doktor Biber kam ins Krankenzimmer und aß ein Käsebutterbrot mit Marmelade.

»Was haben Sie denn da Schönes?«, fragte er neugierig und biss herzhaft in sein Brot.

Superopa presste die Tüte an sich und flüsterte: »Dies ist eine Wundertüte.«

Vorsichtig griff er dann in die Tüte und fand dort einen dicken, schweren Streichelstein, auf dem eine Unebenheit zu ertasten war. Superopa schloss die Augen und streichelte den Stein. Es war so, als fühlte er eine kleine Hand.

»Manchmal fühle ich mich leicht und manchmal fühle ich mich schwer«, sagte er zu Doktor Biber. »Wenn ich mich zu leicht fühle, dann halte ich den dicken, schweren Streichelstein in meiner Hand und bekomme festen Halt.«

Doktor Biber lächelte. Kein Zweifel, Superopa ging es schon wieder viel besser.

Roberts Mama kommt

Robert und Leoni saßen auf dem Sofa. Beide schauten auf den Fingernagel ihres Daumens und drückten dabei den Daumen immer gegen die zur Faust geballten Hand.

Roberts Vater saß ihnen gegenüber und machte es vor: »Stellt euch vor, der Daumennagel ist ein Bildschirm«, sagte er.

Leoni lachte.

»Ein Bildschirm von einem Fernseher?«, fragte sie.

»Ja«, sagte Roberts Vater und schaute auf den Daumennagel.

Die Kinder drückten den Daumennagel gegen die Faust, bis er ganz rot war, und ließen dann wieder locker, damit er seine ursprüngliche Farbe wieder annehmen konnte.

»Nun stellt euch das als Sonnenaufgang vor«, sagte Roberts Vater.

Die Kinder drückten wieder den Daumen gegen die Faust, bis er rot wurde. Tatsächlich, wenn man genau hinschaute und ein wenig träumte, konnte man denken, auf dem Daumennagel-Bildschirm ginge die Sonne auf.

»Seht ihr das?«, fragte Roberts Vater.

»Ja«, sagte Leoni, »das ist Daumenkino in Farbe.«

Plötzlich klingelte es an der Haustür. Alle schauten sich an. Konnte das schon ... Keiner wagte den Gedanken zu Ende zu denken, weil sie Angst hatten, enttäuscht zu werden. Robert lief schließlich zur Tür. Wegen einem Riesenblumenstrauß sah man nicht, wer dort stand. Robert wusste aber, wer dort stand.

»Mama!«, rief er und sprang seiner Mutter in die Arme.

»Pass auf die Blumen auf!«, rief Roberts Vater, der inzwischen mit Leoni zur Haustür gekommen war.

Zu spät. Robert sprang seiner Mutter so wild in die Arme, dass sie sich entscheiden musste, ob sie die Blumen oder Robert halten wollte. Da ließ sie lieber die Blumen fallen. Leoni bückte sich und hob sie auf.

Es war Wochenende. Wie versprochen war Roberts Mutter aus Stuttgart gekommen, um bei ihrer Familie zu sein.

»Ich hab dich so vermisst«, flüsterte Robert.

»Ich hab dich auch vermisst«, sagte Roberts Mutter und drückte ihn fest an sich.

Alle gingen ins Wohnzimmer. Roberts Mutter schaute sich um. Sie sah zum ersten Mal das neue Haus und lachte zustimmend. Endlich war wieder ein Lachen im Geräuschehaus zu hören. Roberts Vater hatte Kuchen gekauft und den Tisch festlich geschmückt.

»Das ist meine Freundin Leoni«, sagte Robert stolz und zeigte auf Leoni, die rot wurde, und dann wieder weiß, wie der Sonnenaufgang eines Daumenkinos.

Roberts Vater gab Roberts Mutter einen Kuss.

»Wie lange kannst du bleiben?«, fragte er.

Robert spitzte seine Ohren. Was würde seine Mutter sagen. Musste sie schon bald wieder fort? Alle setzten sich an den gedeckten Tisch. Roberts Vater zündete eine Kerze an. Leoni holte eine Vase für die Blumen. Roberts Mutter bemerkte plötzlich, dass für Superopa nicht gedeckt war. Schnell erzählten die Kinder, dass Superopa im Krankenhaus lag, aber von ihnen Wundertüten geschenkt bekommen hatte und wieder auf dem Wege der Besserung war. Roberts Mutter war beruhigt.

»Wie lange kannst du denn diesmal bleiben?«, fragte Roberts Vater noch einmal. »Musst du nicht bald wieder in Stuttgart singen?«

Robert und Leoni spitzten ihre Ohren.

»Man hat mir in Stuttgart eine Stelle angeboten«, sagte Roberts Mutter.

»Was heißt das?«, fragte Roberts Vater besorgt.

»Ich könnte ganz am Stuttgarter Opernhaus sein und dort für eine Spielzeit arbeiten«, sagte Roberts Mutter.

Robert hielt es nicht mehr auf seinem Platz. Er sprang auf und rief: »Heißt das, wir müssen wieder umziehen?«

Roberts Mutter fragte: »Würdest du das denn gerne?«

Robert traute seinen Ohren nicht.

»Du fragst mich, ob ich gerne umziehen würde?«, sagte er. »Wir ziehen so oft um, dass ich froh bin, wenn ich in einem Haus noch vorher meinen Kakao austrinken kann.«

Roberts Mutter wollte etwas sagen, aber Robert war noch nicht fertig.

»Zum ersten Mal bin ich in einer Stadt, in der es mir gut gefällt«,

sagte er. »Die Leute hier sind nett und ich habe eine Freundin gefunden.«

Robert schaute zu Leoni, die ihn anlächelte, und flüsterte ab-
schließend: »Ich will hier nie mehr fort.«

Keiner sagte etwas. Roberts Vater überlegte, ob er den Streuselkuchen verteilen sollte, ließ es dann aber. Robert ging zu seiner Mutter
und setzte sich auf ihren Schoß. Roberts Mutter vergrub ihr Gesicht
in Roberts Haaren und sagte schließlich: »Dann habe ich es ja richtig
gemacht. Ich habe in Stuttgart abgesagt. Ich habe denen gesagt, dass
ich mehr Zeit für meine Familie brauche.«

»Heißt das«, fragte Robert, »wir bleiben hier?«

Roberts Mutter nickte.

Robert schrie: »Hurra!«

Roberts Vater lachte und verteilte den Streuselkuchen. Robert ging
zu Leoni und sagte: »Ich glaube, du hast die Wunderwette gewonnen. Ich finde es schön hier. Jetzt muss nur noch Superopa wieder
gesund werden, dann können wir ein richtiges Fest feiern.«

Superopa kommt nach Hause

Superopa öffnete gerade seine dritte Wundertüte, als er Besuch bekam. Die dritte Wundertüte war gefüllt mit Blumen und Blättern. Er roch daran, als Roberts Mutter ihn umarmte.

»Mir hat so sehr der Duft von Blumen und Blättern gefehlt«, sagte Superopa überwältigt, »und dann finde ich ihn in der Wundertüte.«

Superopa schaute sich um. Roberts Eltern, Robert und Leoni waren gekommen, um ihn zu besuchen. Doktor Biber stand in der Tür und aß ein Käsebrot mit Marmelade.

»Wenn Sie wollen«, sagte er, »können Sie ihn heute schon wieder mit nach Hause nehmen. Er hat sich so gut erholt, dass es für uns Ärzte nichts mehr zu tun gibt.«

Das brauchte Doktor Biber nicht zweimal zu sagen. Schnell hatten sie Superopa angezogen, seine Sachen gepackt, sich von seinen Zimmernachbarn verabschiedet und ihn in seinen Rollstuhl gesetzt.

»Moment«, sagte Superopa, »wenn ich heute schon nach Hause komme, dann darf ich auch noch meine vierte Wundertüte öffnen.«

Robert und Leoni schauten sich an und nickten.

»Was hast du denn am meisten im Krankenhaus vermisst?«, fragte Robert.

Da musste Superopa nicht lange nachdenken.

»Euch«, sagte er und öffnete die Wundertüte. In der Tüte fand er ein selbst gemaltes Bild von Robert und Leoni, auf dem alle drauf waren, die Superopa gernhatten. Sogar Herr Demir war auf dem Bild zu sehen und Herr Ferdinand mit seinen vier Hühnern. Superopa war gerührt und drückte das Bild an sein Herz.

»So«, sagte Roberts Mutter. »Jetzt haben wir so viele Gründe zum Fröhlichsein. Jetzt feiern wir ein Fest.«

Das Fest

Die Kinder hatten Plakate gemalt. Alle sollten wissen, dass heute gefeiert wurde. Leoni klebte ihr Plakat an die Laterne vor dem Kletterbaum, Robert hängte seins in Herrn Demirs Gemüsegeschäft. Leonis Vater nahm ein Plakat mit in die »Muckibude« und Superopa fuhr mit seinem Rollstuhl auf und ab, damit alle auf dem Plakat, das hinten angeklebt war, lesen konnten: »Der Rosinenbrotweg feiert. Alle Nachbarn und Freunde sind dazu eingeladen. Getränke, Salate und andere Überraschungen sind dazu herzlich willkommen. Bringt gute Laune mit. Das Fest beginnt um drei Uhr zur Kaffee- und Kuchenzeit.«

Leonis Eltern und Roberts Eltern saßen in der Küche vom Geräuschehaus und planten das Fest.

»Auf jeden Fall brauchen wir Musik«, sagte Leonis Vater. »Ohne Musik wird nicht getanzt und ohne Tanz ist das Fest kein richtiges Fest.«

Alle nickten.

»Wir brauchen einen Klavierspieler«, sagte Roberts Vater und blickte auf Robert.

»Genau«, sagte Leonis Mutter. »Es wäre schön, wenn auf dem Bürgersteig ein Klavier stehen würde, dann können alle hören, dass hier ein Fest gefeiert wird.«

Es war ein schöner Sommertag, an dem es gewiss nicht regnen würde. Ideal zum Grillen, Tanzen, Feiern und Klavier spielen im Freien.

»Wie gesagt«, sagte Roberts Vater noch einmal, »wir bräuchten nur jemanden, der dann Klavier spielt.«

Robert entwirrte gerade mit Leoni eine Lichterkette, die sie in Leonis Kletterbaum hängen wollten. Er wusste genau, warum sein Vater von einem Klavierspieler sprach. Roberts Entscheidung, ob er weiterhin Klavier spielen wollte oder nicht, stand immer noch aus. Zum Glück hatte Robert bereits einen Plan gefasst.

»Also gut«, sagte er. »Ich werde es noch ausprobieren, ob Klavier das richtige Instrument für mich ist. Damit mir aber das Klavierüben mehr Spaß macht, möchte ich, dass Leoni auch Klavierunterricht bekommt. Zu zweit ist alles besser.«

Leoni war baff. Sie sollte Klavierunterricht bekommen, dann konnte sie mit Robert bald vierhändig spielen und sie wären noch öfter zusammen. Leoni schaute bittend zu ihren Eltern, die schließlich nickten.

»Au ja«, rief sie aus. »Klavier spielen wäre ein Knaller.«

Roberts Mutter schaute Roberts Vater an, der begeistert dauernd die Nase hochzog.

»Ihr habt recht, Kinder«, sagte Roberts Mutter. »Klavier spielen muss Spaß machen und da ich jetzt zu Hause bin, werde ich mir Zeit nehmen und für diesen Spaß sorgen.«

»Was heißt denn das?«, fragte Robert.

»Ich werde euch unterrichten«, sagte Roberts Mutter und nahm beide Kinder in die Arme.

»Das wäre geklärt«, sagte Roberts Vater erleichtert. »Jetzt müssen wir nur noch sehen, wie wir das Klavier auf den Bürgersteig bekommen.«

Leonis Vater lachte. Der stärkste Mann von Elsen hatte schon schwerere Sachen getragen als ein Klavier. Außerdem waren am Klavier Räder angeschraubt, deswegen konnte man es auch gut schieben.

»Das mache ich«, sagte Leonis Vater. »Wenn mir jemand die Türen aufhält, dann steht das Klavier ratzfatz auf dem Bürgersteig.«

Ratzfatz stand das Klavier auf dem Bürgersteig. Leoni hatte den Klavierhocker mitgebracht und Robert setzte sich darauf und fing an zu spielen. Moment, Leoni kannte die Melodie. In dem Augenblick kam Roberts Vater mit seiner Geige angelaufen und spielte mit. Leonis Eltern tanzten schon, Superopa drehte sich mit Roberts Mutter zu der Musik und Leoni fing an zu singen:

»In meiner kleinen Stadt, da kann man was erleben,
in meiner kleinen Stadt, da gibt es viel zu sehn.
In meiner kleinen Stadt, da kann es Wunder geben,
in meiner kleinen Stadt ist vieles neu und schön.«

Und schon war das Fest in vollem Gange.

Die Himmelspost

Roberts Eltern und Leonis Eltern trafen sich zu einem Picknick im Elsener Wald. Leoni lief mit Robert zu dem Waldsee, während ihre Eltern den Grill aufbauten. Roberts Vater hatte sogar seine Geige dabei und spielte ein kleines Lied. Superopa saß in seinem Rollstuhl und winkte ihnen zu. Robert sammelte Steine und ließ sie über das Wasser tanzen. Leoni bückte sich, sie hatte im Wasser eine Flaschenpost entdeckt. Zusammen mit Robert holte sie die Flaschenpost an Land und zog den Korken von der Öffnung. In der Flasche war ein Brief. Die Kinder liefen zu Superopa, der ihnen den Brief vorlas.

»Hallo, ihr Schlaumeier«, las er. »Wir wissen nun, wie es im Himmel aussieht. Da ist ja nichts zu finden an Gold und Juwelen, aber wir haben es kapiert. Es gibt auch einen Reichtum an Freude und einen Reichtum an Glück. Ach ja, ein Arzt namens Doktor Biber ist nun manchmal mit an Bord. Er isst immer viele Käsebutterbrote mit Marmelade, aber hilft sonst, wo er kann. Wir sind kein Piratenschiff mehr, sondern ein Sanitätsschiff. Wir kümmern uns um alle, die unsere Hilfe brauchen. Macht es also gut und denkt an uns. Wenn was ist, sehen wir uns in unseren Träumen. Viele Grüße an Super-opa ... Kapitän Holunder.«

Superopa schloss die Augen, er wollte ein kleines Nickerchen machen. Leoni und Robert deckten ihn warm zu und freuten sich auf die nächsten Wunder, denn Wunder gibt es überall.

Grosche, Erwin
Komm, wir gehen Wunder suchen!
ISBN 978 3 522 30495 5

Gesamtgestaltung: Sabine Kraushaar
Einbandtypografie: Doris Grüniger, Buch und Grafik, Zürich
Innentypografie: Bettina Wahl
Reproduktion: HKS-artmedia, Leinfelden-Echterdingen
Druck und Bindung: Livonia Print, Riga

Geschichten, die Kinder stark machen

Martina Baumbach · Jan-Uwe Rogge
Das Vorlesebuch für Draufgänger und Träumer

112 Seiten · Gebunden
ISBN 978-3-522-30484-9

Paul ist gerne laut, Mathilda möchte am liebsten weiterträumen, Greta hält es nicht auf ihrem Stuhl, Lenni fühlt sich bei Tieren am wohlsten – in diesen Geschichten finden sich Kinder wieder. Darin erfahren Mädchen und Jungen, dass jede und jeder seine ganz eigenen Stärken hat: Denn wer impulsiv ist, ist leicht zu begeistern, der Vergessliche ein Improvisationstalent und der Chaot vielleicht ungewöhnlich kreativ.